Carson City Library
Date: Wednesday, July 18, 2018
Time: 6:18 PM

Item ID: Title:
31472400061432   Ants in your pants, worms in yo
31472400192232   The cat's quizzer

Total items: 2

Thank You!

INGLÉS *para* LATINOS

Un camino hacia la fluidez...

por
William C. Harvey, M. S.
Ilustraciones: Paul Meisel

BARRON'S

Para María Cecilia Carro, y todos los latinos que tratan…

Una nota acerca del autor

William C. Harvey es el fundador de la compañía Language Services Institute, un instituto de mucho éxito con programas de conversación en inglés diseñados especialmente para los latinos de hoy. En los últimos 15 años el autor ha enseñado inglés como segundo idioma (E.S.L.) en escuelas públicas, en colegios, y en compañías privadas. También ha viajado por la Costa Oeste ofreciendo seminarios tanto a maestros como a organizaciones profesionales. El señor Harvey posee un título de Bachelor en español y un postgraduado de educación en cultura bilingüe de la universidad de California State, Fullerton, donde recibió el premio del "Proyecto del Año" por su plan de estudios en inglés como segundo idioma.

William C. Harvey también es el autor de *Spanish for Gringos*, un libro que enseña español a la gente norteamericana, y varios libros que ayudan a las personas de habla inglesa a comunicarse con hispanos, incluyendo *Household Spanish, Spanish for Law Enforcement Personnel* y *Spanish for Health Care Professionals*.

All inquiries should be addressed to:
Barron's Educational Series, Inc.
250 Wireless Boulevard
Hauppauge, New York 11788

International Standard Book No. 0-8120-4781-8

Library of Congress Catalog Card No. 92-4928

Library of Congress Cataloging-in-Publication Data

Harvey, William C.
    Inglés para latinos : un camino hacia la fluidez— / por William
C. Harvey.
      p.   cm.
    ISBN 0-8120-4781-8
    1. English language—Textbooks for foreign speakers—Spanish.
I. Title.
PE1129.S8H37   1992
428.3'461—dc20
                                            92-4928
                                            CIP

Printed in the United States of America
18 17 16 15 14 13 12

EL CONTENIDO

Hello, friends! [jeló frens]
(¡Hola, amigos!):

Después de años de enseñar inglés en un salón de clase usando el horrible libro de gramática, finalmente me aburrí y decidí tratar algo diferente. Siendo americano y habiendo aprendido el español con amigos mejicanos que no hablaban inglés, descubrí lo que ellos necesitaban—aprender el inglés de la misma manera que yo aprendí el español. Así que se me ocurrió juntar una serie de "caminos" cortos, prácticos y muy fáciles de seguir. Por lo tanto, este libro contiene sugerencias y secretos que te llevarán al éxito, pues mi plan de aprendizaje ha sido diseñado especialmente para personas que, como tú, **no** están interesadas en estudiar un idioma extranjero. *Inglés para Latinos* debe considerarse como una guía que introduce el idioma al principiante en una forma sencilla y muy divertida a la vez.

Bye [bai] (Adiós), por ahora,

Bill

Bill

¡Atención!

Fíjate en que la pronunciación del inglés está escrita en español al lado de cada nueva palabra

El inglés es un idioma fácil de aprender

El mundo tiene muchos lenguajes, pero sin duda el inglés es uno de los más necesarios. Lo bueno es que para el latino el inglés no tiene que ser muy difícil. Yo he pasado parte de mi vida desarrollando *Inglés para Latinos* por seis razones importantes:

¡Atención!
Decimos "americanos" porque a la gente de los EE.UU. se les llama *Americans* en inglés.

1 El inglés es muy parecido al español.

Muchas de las palabras en el inglés están basadas en el latín, igual que sus equivalentes en español. Muchas palabras en los dos idiomas se escriben y se pronuncian casi iguales, lo que es un alivio.

2 El inglés común no es muy complicado.

Las conversaciones en inglés pueden mantenerse a un nivel corto y simple. Frecuentemente, es posible comunicar mensajes más complicados con tan solo el intercambio de unas cuantas palabras. Un conocimiento básico de gramática y una pronunciación rudimentaria es todo lo que necesitas para poderte comunicar.

3 No temas equivocarte.

Los americanos disfrutan ayudando a los latinos que tratan de hablar inglés. Ellos son una gente de buen corazón, quienes admiran a los extranjeros que tienen un interés sincero de aprender su idioma. Así que, ¡Levanta ese ánimo!

4 El inglés no es difícil de practicar.

Oportunidades para escuchar y hablar el inglés te rodean. No te será difícil encontrar una persona con quien practicarlo. Pero recuerda que a veces necesitarás salir de tu barrio para hallarlo.

5 El saber inglés puede ser provechoso.

La economía norteamericana ha descubierto recientemente que comprar y vender en dos idiomas es muy buen negocio. Muchas compañías hoy en día ofrecen entrenamiento a sus empleados y una mejor paga para los que saben el inglés. Por lo tanto, ¡muévete! Aprender el inglés puede llevarte al éxito financiero.

6 El inglés es divertido de aprender.

No hay nada como la emoción de hablar el inglés y ser entendido por primera vez. No tardará el momento en que te sientas atraído por la idea de poderte comunicar en un nuevo idioma. Tal vez sea porque éste te permitirá conocer, entender y ayudar a más gente, lo que te hará sentir mucho orgullo. El inglés también te puede hacer la vida más divertida. Viajar a diferentes partes donde se habla el inglés y tener más actividades con los norteamericanos va a mejorar tu vida, ya que será más agradable y excitante. Hablar un segundo idioma es como tener un juguete nuevo—entonces, *¡juega con él!* Y no te preocupes en mantener el interés. Una vez que comiences, no vas a querer terminar.

¿Quién lo necesita?

Inglés para Latinos no es para todo el mundo.

Para aquellos que planean viajar fuera de los Estados Unidos y necesitan un entrenamiento fuerte…lo siento. Y para aquellos que ya hablan el inglés y están buscando mejorar sus habilidades en la lectura y escritura…quiero que me disculpen. Este libro no fue escrito para personas con intenciones de estudiar.

Inglés para Latinos es para todos los demás.

La información que encontrarás en este libro es tan sencilla y práctica que podrás usarla casi inmediatamente. Este programa de aprendizaje ha sido simplificado y creado especialmente para ayudar en general a los latinos que desean comunicarse con las personas que hablan inglés. Sin embargo, este libro también servirá de guía a cualquier persona que esté aprendiendo el idioma, como orientación para el inglés que se habla en los Estados Unidos.

Antes que comiences

Te sorprenderá ver que este libro no contiene ningún tipo de hojas de trabajo, ejercicios o pruebas. En vez de eso, aquí tienes algunas sugerencias que tal vez encuentres un poco extrañas:

- **Olvídate de lo que otros te han dicho.** No existe un inglés perfecto, así que no pierdas el tiempo en tratar de encontrarlo. Este libro te dice todo lo que tú debes saber. En vez de darte una enseñanza tradicional con prácticas de pronunciación y gramática, te ofrece el camino más corto y el secreto hacia el éxito. Si tú sigues las instrucciones, aprenderás.

- **¡Escucha y pon interés!** Para aprender de la manera en que los niños aprenden un lenguaje, lo mejor es absorber todo el inglés que puedas desde el principio. Escucha a personas que hablan un inglés fluido. Muy pronto, y sin darte cuenta, estarás usando palabras nuevas en tus conversaciones. Con confianza y sin miedo, usa las frases y expresiones de este libro. Pero no te esfuerces por hablar si no te sientes listo para ello. Aunque los casetes en inglés a veces pueden servirte de ayuda, nada será mejor que la práctica en la vida diaria.

- **Actúa como si supieras más de lo que sabes.** Aprende a sentir confianza alrededor de personas que sólo hablan inglés. Aunque tú no entiendas ni una palabra, sonríe mucho. Piensa mucho cuando te hacen una pregunta, y siempre contesta con pocas palabras. Imita las expresiones que ves cuando hablan y sé amable. Experimenta con nuevas palabras y frases. ¡Actúa, y tú verás que pronto estarás hablando y entendiendo más inglés!

- **No trates de buscar excusas.** Estudios científicos* han demostrado que las siguientes creencias sobre el aprendizaje de un nuevo idioma son incorrectas:

Necesitas practicar la gramática ....¡No!
Necesitas desarrollar una buena pronunciación ....¡No!
Necesitas comenzar muy joven...¡No!
Necesitas memorizar unas listas de vocabulario ....¡No!
Necesitas ser bueno para aprender idiomas ....¡No!
Necesitas leer con cuidado este libro ....¡Sí!

- **¡Sobre todo, relájate!** La idea de aprender un nuevo idioma asusta a muchas personas. No te avergüences de tu pronunciación de principiante. Solamente acepta que es normal sonar diferente y sentirse raro por un tiempo. No es nada grave. Esta guía está diseñada para aliviar la tensión y frustración que puedas sentir. ¡Nunca te des por vencido! No te preocupes por nada, diviértete, y sigue adelante. Con el método *Inglés para Latinos*, no hay problema.

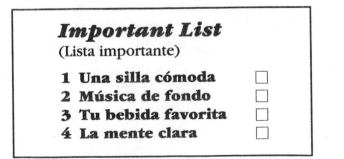

Important List
(Lista importante)

1 **Una silla cómoda** ☐
2 **Música de fondo** ☐
3 **Tu bebida favorita** ☐
4 **La mente clara** ☐

¡Atención!

El inglés puede ser muy difícil para los latinos si no saben pronunciar las palabras. Por eso, al lado de cada palabra en inglés encontrarás la pronunciación en español. A veces estas "guías" de pronunciación no son muy correctas porque no hay letras en español para todos los sonidos en inglés. Sin embargo, éstas son suficientes para que las personas que no saben mucho inglés se den a entender por la gente americana. Practica las palabras con un americano, sin temor. Es mejor aprender primero la forma hablada que la forma escrita.

Otro problema que ocurre en un libro como éste tiene que ver con la traducción del inglés al español. Hay diferentes dialectos en español, y de vez en cuando encontrarás algunas traducciones que no son exactas. Sería imposible incluir todas las palabras que existen en español en este libro. En general, las traducciones son excelentes para los principiantes.

---

* Dulay, Heidi, *Language Two* (New York: Oxford University Press, 1982); Stephen D. Krashen and Tracy D. Terrell, *The Natural Approach* (Hayward, California: The Alemany Press, 1983).

1

CAPÍTULO *ONE* [uan]

Do You Speak English?

[Du iu spik ínglech]

(¿Hablas inglés?)

Palabras en inglés que muchos latinos ya conocen

baby   [béibi]   bebé
book   [buk]   libro
bye   [bai]   adiós
car   [car]   carro
door   [dor]   puerta
English   [ínglech]   inglés
father   [fáder]   padre
friend   [frend]   amigo
hello?   [jeló]   ¿diga?
hi   [jai]   hola
hot dog   [ját dok]   salchicha
house   [jaus]   casa
kiss   [quis]   beso
love   [lav]   amor
Michael Jackson   [maicol chácson]
money   [máni]   dinero
mother   [máder]   madre
O.K.   [o quéi]   bueno
one   [uan]   uno
party   [párti]   fiesta
pencil   [pénsol]   lápiz
please   [plis]   por favor
Santa Claus   [sána clos]
table   [téibol]   mesa
telephone   [télefon]   teléfono
thank you   [ténk iu]   gracias
three   [zri]   tres
two   [tu]   dos
What's your name?   [uats iór neim]   ¿Cómo te llamas?
yes   [ies]   sí

El "Span*lish*"

El inglés y el español se han mezclado en los Estados Unidos porque los latinos y los americanos han tratado de comunicarse. Aunque existe variación en estas palabras según la región, todas son fantásticas para los que no hablan inglés porque el "Span*lish*" es muy parecido al inglés:

SPANGLISH	INGLÉS	ESPAÑOL
bloquear	*block* [bloc]	obstruir
cachar	*catch* [catch]	coger
cuitear	*quit* [cuet]	renunciar
chequear	*check* [chec]	revisar
mistear	*miss* [mis]	faltar
parquear	*park* [parc]	estacionar
pichar	*pitch* [pitch]	lanzar
puchar	*push* [puch]	empujar
tochar	*touch* [tach]	tocar
trostear	*trust* [trast]	confiar
wachar	*watch* [uatch]	mirar

More Spanglish
[mor]
(más)

SPANGLISH	INGLÉS	ESPAÑOL
la baika	*bike* [baik]	la bicicleta
las brekas	*brakes* [breiks]	los frenos
la carpeta	*carpet* [cárpet]	la alfombra
la factoría	*factory* [fáctori]	la fábrica
el lonche	*lunch* [lanch]	el almuerzo
la marqueta	*market* [márquet]	el mercado
el raite	*ride* [raid]	el paseo
la troca	*truck* [troc]	el camión

Cómo entender a los que hablan el inglés

Tienes razón. El inglés hablado suena como si todas las palabras fueran una sola. ¿Qué podemos hacer nosotros los latinos? Bueno, no te asustes. Aquí revelamos cinco Secretos para Entender:

1 Presta atención al mensaje.

Escucha las palabras claves y fíjate como te las dicen. En lugar de tratar de entender todo a la vez, primero determina: Se trata de una pregunta o un relato? ¿Qué es lo que me quiere decir? Concéntrate solamente en la idea principal.

2 Usa la cara y las manos para expresarte.

Enseña a las personas que entiendes—señalando, moviendo o tocando cosas. Usa muchos gestos. Escribe o dibuja lo que tú piensas que te están tratando de decir. Muestra seguridad, pero sé amistoso. Muy rápido te seguirán el juego, y se reirán contigo.

3 Di: More slowly, please. [mor slóuli, plis]

Esta frase significa "¡Más despacio, por favor!" También, puedes decir, *What?* [uat] o *How's that?* [jaos dát] que significan "¿Qué?" o "¿Cómo?"

4 Busca por el español en el inglés.

Como los dos idiomas tienen raíces latinas, muchas palabras en inglés suenan como el español. Adivina y probablemente vas a estar correcto.

5 Relájate y trata de nuevo.

Cómete tu orgullo y recuerda que ellos tienen tanto problema como tú. No lo tomes tan en serio. Siempre es más difícil al principio. Diviértete, y el inglés empezará a tener sentido para ti.

Hey, Listen! [jei, lísen]
(¡Oye, escucha!)

¡No digas una palabra! No es necesario. Igual que los niños aprenden su primer idioma, es mejor escuchar primero. No te esfuerces tratando de hablar. Después de escucharlo por un tiempo, gradualmente empezará a fluir el inglés de tus labios. Por ahora, trata algunas maneras fáciles (y baratas) para captar esos "sonidos extraños":

- Escucha las estaciones de radio en inglés.
- Trata de ver más programas de televisión en inglés.
- Compra casetes y discos compactos de música en inglés.
- Empieza a asistir a los servicios religiosos conducidos en inglés.
- Ingresa en un equipo donde hablan mucho inglés.
- Hazte amigo con americanos.
- Toma una clase de inglés donde se usen casetes.
- Vé de compras a un centro comercial donde no hablan español.
- Si tienes hijos, puedes ayudar en la escuela pública como voluntario.

Escribe más ideas aquí:

_____

_____

_____

_____

¡Hablar inglés con las manos!

¿Adivina qué? Si quieres comunicarte en inglés, pero no tienes la confianza para hacerlo oralmente, hay otra manera divertida y muy fácil para mandar mensajes. En todas las culturas, ciertas señales, expresiones de cara y movimientos del cuerpo tienen un significado especial. Aquí verás algunas de mis señales preferidas, entre las que usan las personas que se comunican en inglés.

¡Qué fácil! Hablar sin usar la boca.

Para decir **O.K.** [o quéi] (Está bien), haz un círculo juntando tus dedos índice y pulgar.

Esta señal también significa **O.K.**: Cierra tu mano en un puño, levantando el dedo pulgar.

Con la palma hacia arriba y con los demás dedos recogidos en un puño, dobla y extiende tu dedo índice repetidamente. Así se dice, ***Come!*** [cam] (¡Venga!).

Pon tus manos en signo de apuntar y pasa un índice por encima del otro repetidamente. Esto significa, **¡A-AA! ¡Eso no se hace!**

Jamás uses el dedo mayor (en medio de la mano) para apuntar. ¡Esa es una señal muy grosera!

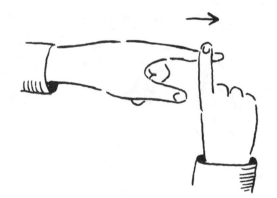

Para decir ***Bye*** [bai] (Adiós), mueve la mano de lado a lado.

¡VAMOS A REPASAR!

Contesta las siguientes preguntas:

¿Cuáles son unas razones que hacen el inglés un idioma fácil de aprender?

¿Cuáles sugerencias extrañas están mencionadas "Antes que comiences"?

¿Cuál es el problema con las guías de pronunciación que se usan en este libro?

¿Cuáles son unas palabras en inglés que muchos latinos ya conocen?

¿Cuáles son algunas palabras en Spanglish?

¿Cuáles son los Secretos para Entender a los que hablan inglés?

¿Cuáles son algunas maneras fáciles para practicar con los sonidos en inglés?

¿Sabes como "hablar" con las manos en inglés?

2

CAPÍTULO *TWO* [tu]

My First Words

[mai ferst uerds]

(Mis primeras palabras)

Doce Secretos para Hablar Como Americano

Secret [sícret] I

No se leen las palabras en inglés como están escritas. Los sonidos no se pronuncian como en español. Por ahora, tienes que memorizar la pronunciación de cada palabra. Como ya habrás notado, las palabras en inglés en este libro tienen al lado, entre paréntesis rectos, su pronunciación en español, *O.K.?* [o quéi]. Sin embargo, recuerda que estas guías de pronunciación no son exactas.

Secret II

Los sonidos en inglés salen de la parte de atrás de la boca, y se bota mucho aire al hablar. También, los sonidos en inglés son mucho más largos que los sonidos en español:

Do you understand?
[du-u iu-u-u a-an-de-er-stá-and]
(¿Entiendes?)

Secret III

El mejor método de aprender los sonidos en inglés es practicar con la gente americana. Para muchas personas, esto no es tan fácil. Sin embargo, si quieres conseguir un buen acento en inglés, tendrás que escuchar y repetir las palabras siguientes con alguien que tiene la pronunciación americana. Estos son varios de los sonidos más difíciles para el latino. Cada lista de palabras presenta un sonido diferente; además recuerda que estos no son todos los sonidos que necesitas.

*h*at	*p*in	*b*ut	*b*ook	*g*irl	*z*oo
*f*an	*s*ick	*m*ud	*f*oot	*b*urn	*z*ipper
*m*ap	*b*ig	*s*un	*c*ook	*h*er	*z*ap
*sh*ip	*str*ap	*y*es	*v*ery	*th*is	*j*ump
*sh*oe	*str*eet	*y*ear	*v*an	*th*at	*j*et
*sh*ot	*str*ing	*y*o-*y*o	*v*et	*th*e	*j*ob

Secret IV

Hay muchas palabras en inglés que suenan casi igual (*watch–wash*, *kiss–keys*). Más adelante en este libro, hablaremos de este problema. Por ahora, si vas a contestar con *una sola palabra*, practica hasta que te sientas cómodo.

Secret V

Lo que te va a gustar del inglés es que las palabras se dicen en partes o sílabas—así como en **es-pa-ñol**. Por lo tanto, para hablar como americano, pon-las-par tes en or den:

Eng-lish-is-no-pro-blem-for-la-ti-nos.

Secret VI

Tienes que pronunciar cada parte de la palabra. Es decir, a veces será mejor si hablas despacio. Acuérdate que la última letra de cada palabra es muy importante. Por ejemplo, *Ben* [ben] (Benjamin) y *Bend* [bend] (doblar) son muy diferentes.

Secret VII

Para pronunciar inglés como un americano, es necesario subir y bajar la entonación mucho. Por ejemplo, cuando quieres hacer preguntas, casi siempre tienes que subir la voz al final.

Secret VIII

Está bien si usas el Spanglish. Hay muchos "americanismos" (palabras que vienen del inglés) que puedes usar en caso de emergencia. Además cuando se te olvide alguna palabra, dila en español con el acento en inglés. Siempre recuerda que hay miles de palabras que son casi iguales en los dos idiomas.

Secret IX

Si lo dices con una sonrisa, mirando a los ojos de la persona con quien hablas, te va a entender mejor. Trata de usar estas frases:

I don't speak much English.
[ai doun spik mach ínglech]
(No hablo mucho inglés.)

Sorry, I'm learning English.
[sári, aim lérnin ínglech]
(Lo siento. Estoy aprendiendo inglés.)

Excuse me, I don't understand.
[exquiús mi, ai doun anderstánd]
(Disculpe, yo no entiendo.)

Pardon?
[¿párden?]
(¿Cómo?)

Secret X

Si tu pronunciación no es muy buena, es posible que te entiendan de todos modos. Tranquilízate, no necesitas un inglés perfecto para hablar! Además, con tus esfuerzos y la ayuda de este libro tu inglés pronto sonará muy bonito.

Secret XI

No te preocupes si no entiendes nada. Todos los americanos no hablan igual. Vienen de muchas partes y tienen varios dialectos. Sigue escuchando y, tarde o temprano, vas a entender algo.

Secret XII

Practica las palabras en la casa primero. Escoge las que vas a usar al día siguiente y repítelas muchas veces. Otra buena manera de obtener más práctica es ofrecerle a un americano lecciones en español por lecciones en inglés.

Palabras en inglés que no necesitan traducción

Hay miles de palabras en inglés que son muy fáciles de entender. Todo lo que necesitas es encontrar el parecido que existe en los dos idiomas. Fíjate como no tenemos que traducir estas palabras para que las entiendas:

Las palabras fáciles

check [chec]
commercial [comérchel]
correct [coréct]
diet [daíet]
divorce [divórs]
dollar [dáler]
electric [iléctric]
elegant [élegant]
experience [expíriens]
fantastic [fantástic]
important [impórtent]
instrument [ínstrument]
list [list]
modern [mádern]

moment [móment]
music [miúsic]
November [novémber]
person [pérson]
pistol [pístol]
possible [pásibol]
president [président]
product [prádact]
professional [proféchonal]
program [prógram]
rapid [ráped]
special [spéchel]
telephone [télefon]
violent [vaíolant]

Las palabras más fáciles

banana [banana]
chocolate [chóclet]
color [cólor]
doctor [dóctor]
final [faínal]
golf [golf]
horrible [jórribol]
hospital [jóspital]
hotel [jotél]

idea [aidía]
individual [indivílluol]
informal [infórmal]
natural [nátchural]
plaza [plasa]
popular [pópiular]
radio [réidio]
taxi [táxi]
television [télevichon]

¿Reconoces estas palabras?

application [apliquéchon]
conversation [conveséchon]
information [informéchon]
operation [operéchon]

pronunciation [pronanciéchon]
reservation [reservéchon]
transportation [transportéchon]
vacation [vequéchon]

¡Atención!

El inglés lleva sólo un signo de interrogación (?) y de exclamación (!), se escribe al final:

Do you understand?
[du iu anderstánd]
(¿Comprendes?)

¡Habla!

Hi, Bill. What's happening?

I,... este,... murmullo, murmullo...

¡No te preocupes acerca del sonido! Lo único que debe importarte es que de alguna manera te puedan entender.

Muchas maneras de practicar

Escuchar el inglés no es mucho *problem.* Pero tu meta es hablarlo. Por lo tanto, una vez que te familiarices con las palabras en inglés que se parecen al español, prueba estas técnicas para mejorar la pronunciación mientras vas aprendiendo lo más difícil.

- La próxima vez que vayas a un restaurante americano, ordena comida para todos en la mesa.
- Viaja a zonas de la ciudad donde se habla el inglés y lee los mensajes de los letreros en las calles y los negocios.
- Abre libros en inglés y busca palabras al azar que puedas leer y trata de pronunciarlas.
- Cuando estés solo, trata de decir todas las palabras y frases que ya sabes en inglés, usando los Secretos para Hablar.
- Repite en voz alta lo que oyes en inglés. En la casa, practica con lo que escuchas en la radio o en la televisión.
- Graba tu pronunciación regularmente mientras lees en inglés el periódico o una revista. Y no te rías, ¡sí da resultado!
- Si te es posible, compra un casete de idiomas y úsalo.

La mejor manera de aprender un nuevo idioma es hablarlo frente a frente con alguna persona. Ingenia formas convenientes de aprender el inglés con compañeros americanos. Como ya lo hemos mencionado anteriormente, un método popular es ofrecer un poco de instrucción en español a cambio de la de inglés.

Las primeras palabras del bebé

Hemos visto las palabras que los latinos ya conocen y que tú **debes de saber**. Ahora llegó el momento de probar con nuevas palabras y frases que **es necesario aprender**. De la misma manera que los niños aprenden sus primeras palabras para poder sobrevivir, al principio es mejor empezar con el inglés que te dará el mejor resultado en un corto tiempo. Las siguientes palabras son las que se adquieren más pronto en todos los idiomas.

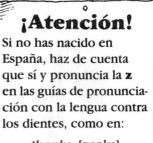

¡Atención!

Si no has nacido en España, haz de cuenta que sí y pronuncia la **z** en las guías de pronunciación con la lengua contra los dientes, como en:

thanks [**z**enks]

a lot	[a lót]	mucho	
bathroom	[bázrum]	baño	
big	[big]	grande	
Bye	[bai]	adiós	
car	[car]	carro	
child	[chaild]	niño	
fine	[fain]	bien	
food	[fud]	comida	
friend	[frend]	amigo	
good	[gud]	bueno	
Hi	[jai]	hola	
house	[jaus]	casa	

man	[man]	hombre
money	[máni]	dinero
name	[neim]	nombre
number	[námber]	número
person	[person]	persona
phone	[fon]	teléfono
please	[plis]	por favor
thanks	[zenks]	gracias
very	[véri]	muy
water	[uáter]	agua
woman	[uóman]	mujer
work	[uerk]	trabajo

Pon dos o más palabras juntas con:

and [and] y
or [or] o
but [bat] pero

Estas palabras también las reconocerás pronto:

Mr. [míster] Sr.
Mrs. [mísas] Sra.
Miss [mis] Srta.

A veces, se usan las siguientes palabras para expresar refinamiento:

Thank you, sir. [ser] Gracias, señor.
Excuse me, ma'am. [meam] Disculpe, señora.

¡Avisos!

Antes de seguir adelante, aquí leerás unas cuantas sugerencias de cómo usar tus nuevas palabras:

- Está bien usar un inglés imperfecto; solamente di las palabras claves claramente y balbucea las palabras menos importantes. Aprenderemos acerca de esto más adelante.
- Usa esta frase en caso de emergencia: *Do you speak Spanish?* [du iu spik spánech] (¿Hablas español?) *Do you speak English?* es lo que te van a preguntar a ti.
- Si no puedes recordar alguna palabra, trata de explicarte de otra manera.
- Comienza con una palabra cada día. Gana confianza usando primero las palabras que más te gustan.

¡Avisos!

- Desarrolla un sistema para recordarlas. Usa juegos de asociación como el de "palabra-figura". Por ejemplo, **Lupe *dances*. (baila)** te hace pensar en **las danzas**.
- Deja que otros te corrijan. ¡Es para tu bien! Los errores son normales y te ayudan a aprender más rápido.
- Es una buena idea aprender palabras sinónimas. Estas son las palabras que se escriben diferente pero tienen el mismo significado.
- No te olvides que los dialectos (las variaciones de un idioma) pueden ser distintos. Tú te vas a encontrar con muchas palabras que no son mencionadas en este libro.

¿Cómo está tu inglés?

¡VAMOS A REPASAR!

Contesta las siguientes preguntas:

¿Cuáles son algunos Secretos para Hablar Como Americano?
¿Cuáles son algunas palabras en inglés que no necesitan traducción?
¿Cuáles son unas maneras de practicar el inglés en voz alta?

Traduce y lee en voz alta:

man _____   *phone* _____   *water* _____

car _____   *house* _____   *woman* _____

Con una línea, conecta las palabras en inglés con la traducción apropiada:

work	niño
bathroom	comida
child	trabajo
friend	baño
food	amigo

Mis primeras palabras favoritas

¡Aquí hay unas palabras que puedes usar solas!:

a few [a fiú] poquitos
a little [a lítel] poquito
after [áfter] después
again [aguén] otra vez
all of it [álofet] todo
almost [álmost] casi
alone [alón] sólo
already [alrédi] ya
another [anóder] otro
any [ény] cualquier
before [bifór] antes
both [bod] ambos
different [díferent] diferente
each [ich] cada
enough [inóf] bastante
first [ferst] primero

last [last] último
lots [lots] muchos
next [next] próximo
none [nan] ninguno
nothing [nózin] nada
once [uans] una vez
right now [rait náo] ahorita
same [seim] mismo
some [sam] algunos
something [sámzin] algo
the rest [de rést] el resto
then [den] entonces
too many [tu méni] demasiados
too much [tu mátch] demasiado
together [tuguéder] juntos
twice [tuáis] dos veces

¡APUESTO QUE SÍ PUEDES!

¿Cuál es lo contrario de...?:

before _after_____

different _____

*something*_____

first _____

all of it _____

Hi!

Los saludos básicos

Si todavía no te atreves a hablar, quizás las expresivas pero sencillas frases que siguen te animen a tratarlo. Memoriza estos saludos como si fueran una sola palabra y los que te escuchen pensarán que ya hablas inglés:

Good morning. [gud mórnin]
Buenos días.

Good afternoon. [gud afternún]
Buenas tardes.

Good evening. [gud ívnin]
Buenas noches.

☞ ¡Avisos!

- Muchos americanos dicen ***"Morning!"*** en lugar de *Good morning*.

- Trata de usar estas despedidas comunes en lugar de *Good-bye!* (dilas muy rápido):
  Bye-bye. [bai - bái]
  Adiós.
  See you later.
  [si iu léiter]
  Nos vemos.
  See you tomorrow.
  [si iu tumórou]
  Hasta mañana.
  Take it easy.
  [téik it isi]
  Que la pases bien.

Muchos americanos usan *Hi!* para saludar en lugar de las tres frases de arriba, porque ***good afternoon*** y ***good evening*** son saludos más formales.

Good night [gudnáit] significa "adiós" cuando te despides en la noche. Y no te confundas con *Good evening*. También, recuerda que ***Good-bye*** [gud-bái] siempre es "Adiós".

Más cortesías

- ***Hello?*** [jeló] (¿Diga?) es lo mejor para contestar al teléfono. ***Who's calling?*** [jus cálin] significa "¿De parte de quién?" ***Message*** [mésach] es "recado" o "mensaje".
- ***Please*** [plis] (por favor) y ***Thanks a lot*** [zenks alót] (muchas gracias) siempre trabajan muy bien. Usa ***You're welcome*** [ior uélkam] para decir "de nada".
- Cuando alguien toca la puerta, di: ***Who's there?*** [jús der] (¿Quién es?). ***Come in!*** [kam ín] significa "¡Pase!".
- Para expresar en inglés, "con permiso", "perdón", "dispense" o "disculpe" toda la gente usa la misma frase: ***Excuse me!*** [eksquiús mi]. ***I'm sorry*** [aim sóri] es "lo siento".
- En la cultura norteamericana no encontrarás muchos saludos de cortesía. Al comunicarse, todo es más informal. Qué bueno, ¿no? Tendrás menos que recordar.
- Para hablar más como americano, pronuncia todas las palabras de cortesía con una sonrisa muy grande.
- ¡Ahora trata de aprender más saludos! Y no tengas miedo de contestar.
- ***Thanks a million!*** [zenks a mílyon], ***Thanks!*** y ***Thank you!*** también significan "¡Gracias!".
- ¿Has notado que a veces en inglés se escriben dos palabras como una sola? Por ejemplo, ***Who's...?*** significa ***Who is...?*** (¿Quién es...?. ¿Quién está...?) Veremos más ejemplos muy pronto.

Hay muchas formas en inglés para decir **"¿Qué pasa?"**:

     What's going on? [uats goin án]
     What's happening? [uats jápenin]
     What's up? [uats áp]

Las formas indicadas arriba son las más comunes. Fíjate como todas empiezan con *What* (qué). Si tu pones atención a las primeras palabras de una pregunta, se te facilitará contestarla. Especialmente cuando te saluden con **"What..."**, ya que esto te indicará que quieren saber lo que está pasando contigo. Contesta con: *Nothing much!* [nózin mach] (¡Sin novedad!).

How Are You? [jao ár iu]

Muchos principiantes ya conocen esta pregunta. Se traduce, "¿Cómo estás?" Hay otros saludos que también empiezan con **How** y en general todos significan la misma cosa:

> **How's** *it going?* [jaos ct góin]
> **How** *have you been?* [jao jav iu bín]

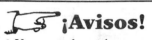

¡Avisos!
- Un poco después vamos a descubrir más *questions* [cuéschans] *and answers* [ánsers] (preguntas y respuestas) con *What?* y *How?*
- Para decir "¿Y tú?" agrega al final, **And you?** [en iú]

También aquí, la respuesta es muy fácil:
> *Fine!* [fain] ¡Bien!
> *Pretty good!* [prídi gud] ¡Regular!

Introductions [introdácchons] (Las presentaciones)

Usa una de estas frases cuando te presenten a alguien para expresar "Mucho gusto": **Nice to meet you.** [nais tu mít iu] o **How do you do?** [jao du iu dú]. Claro que hay otras frases similares, pero estas son las mejores.¡Y no te olvides de dar la mano! Si te hablan a ti primero, diles **Same to you.** [seim tu iú] (Igualmente).

En Norteamérica, entre la gente sencilla no es necesario usar muchas palabras para presentar a alguien. Por ejemplo, casi todos hablan así: **Hi. This is my friend,...**[jai des es mai fren] (Hola. Este es mi amigo,…)

¡Y no tienes que hablar más!

What's your name? [uats ior néim] (¿Cómo te llamas?) es una pregunta muy común, así que practícala mucho. Para responder "Soy…" di, **I'm...** [aim]. Para identificarte usa: **My name is...** [mai néim es] (Mi nombre es…). Escucha por **name**. Será muy importante en los casos de emergencia.

Where Is It?   [uer és et]   (¿Dónde está?)

Sin duda, una de las primeras palabras de interrogación que necesitarás es **Where?** (¿Dónde?). A veces nos perdemos y tenemos que hacer unas preguntas en inglés. Cuando necesites direcciones, las frases y palabras siguientes te servirán:

to the right   [tu de ráit]   a la derecha
to the left   [tu de léft]   a la izquierda
straight ahead   [streit ajéd]   adelante
here   [jier]   aquí
there   [der]   ahí

go [go] ir   *turn* [tern] dar vuelta   *stop* [stap] parar

¡APUESTO QUE SÍ PUEDES!

Aquí tienes las expresiones más comunes de la vida diaria entre los americanos. Trata de recordar la pronunciación y el significado de cada frase:

Good morning! How are you?	*Pretty good. And you?*
Fine. What's happening?	*Nothing much. This is my friend, Susan.*
Nice to meet you.	*Hi.*
See you later!	*Bye. Take it easy!*

¿Otras? ¡Qué bueno! ¿Estás hablando en voz alta?

Excuse me.	*Yes?*
Where's the bathroom?	*There. To the left.*
Thanks a lot.	*You're welcome.*

Contesta las siguientes preguntas:

What's your name?_____

How are you? _____

Do you speak Spanish? _____

La Regla de Combinar

En inglés si quieres juntar o combinar algunas palabras, lo puedes hacer cuando hablas y también cuando escribes. Ya hemos visto unos ejemplos. No encontrarás todas las palabras que se combinan aquí, pero a ver si las siguientes te permiten aprender un poco del sistema:

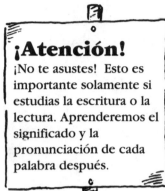

¡Atención!
¡No te asustes! Esto es importante solamente si estudias la escritura o la lectura. Aprenderemos el significado y la pronunciación de cada palabra después.

Where is = Where's   *Who is = Who's*
What is = What's   *How is = How's*

Muchas veces, se omite una letra y se escribe un apóstrofo **(')** en su lugar.

is not = isn't   *I am = I'm*
do not = don't   *She is = She's*
has not = hasn't   *We are = We're*

¡APUESTO QUE SÍ PUEDES!
Cambia las frases siguiendo los ejemplos:

Where is the man?   *Where's the man?*
She is my friend.   *She's my friend.*

I am Puerto Rican. _____

What is your phone number? _____

Who is the president? _____

Viva el *Vocabulary*
[vocábiuleri]

Aquí leerás tres grupos de palabras que la mayoría de las personas aprenden y usan casi inmediatamente:

The Numbers [námbers]
0 *zero* [sírou]
1 *one* [uán]
2 *two* [tu]
3 *three* [zri]
4 *four* [for]
5 *five* [fáiv]
6 *six* [six]
7 *seven* [séven]
8 *eight* [éit]
9 *nine* [náin]

The Colors [cólors]
black [blak] negro
blue [blu] azul
brown [braun] pardo/café
gray [grei] gris
green [grin] verde
orange [oranch] anaranjado
purple [pérpol] morado
red [ret] rojo
white [uait] blanco
yellow [iélo] amarillo

The Class [clas]

book [buk]

notebook [nótbuk]

chair [cher]

paper [péiper]

chalk [chak]

pen [pen]

chalkboard [chákbord]

pencil [pénsol]

desk [desk]

table [téibol]

Usa las guías de pronunciación para leer estas palabras. Pero, memorízalas tal como se escriben.

¡ESCÓGELAS Y ÚSALAS!

Vamos a ver algunas oraciones que te ayudarán a poner estas palabras en práctica. Llena los espacios que están en blanco, lee cada oración en voz alta, y después encuentra la manera de usarlas en tu vida diaria.

Numbers

My telephone number is [mai télefon námber es] _____.
Mi número de teléfono es (542-8763,…).

Where's room number [uers rum námber] _____ ? ¿Dónde está
el cuarto número (cinco,tres,…)?

Count them!   [cáunt dem] ¡Cuéntalas!

Colors

I like the color [ai laik de cólor] _____. Me gusta el color
(morado, rojo,…).

Is it [es et]_____ or [or] _____ ? ¿Es (negro,…) o (blanco,…)?

There are some [der ar sam] _____ ones.[uans] Hay algunos de
color (azul, verde,…).

Class

Do you have a [du iu jav a] _____ ? ¿Tienes un (lápiz, libro,…)?

The [de] _____ *is on the* [es on de] _____ . (La pluma, El papel,…)
está en (la mesa, el escritorio,…).

I need [ai nid] _____ . Necesito (la silla, el cuaderno,…).

Antes de pasar al siguiente capítulo, he aquí unas frases que son muy buenas para todos los que no saben mucho inglés y quieren practicar nuevo vocabulario:

> *This is a…* [des es a] Esto es…
> *That is a…* [dat es a] Eso es…
> *These are…* [dis ar] Estos son…
> *Those are…* [dos ar] Esos son…

¡Avisos!

- Otros números serán introducidos más adelante. ¿Podrías decir los números anteriores con los ojos cerrados?
- Busca otros colores si lo consideras necesario. Y aprende por medio de asociar las palabras con figuras. Por ejemplo, para aprender el color **red**, piensa en una **red roja**.
- Más *vocabulary* está en camino. Por ahora, trata de buscar estas palabras que ya conoces en lo que te rodea. ¡Toca las cosas al nombrarlas en inglés!

Al final de este libro, encontrarás una hoja titulada "Lista de mis éxitos" ¡Úsala! Apunta tus experiencias de una manera simple. Trata de emplear tus nuevas habilidades. Verás que rápido crecerá tu lista.

¡APUESTO QUE SÍ PUEDES!

¡Dibuja! (En colores, si quieres):

three yellow pens

six black tables

two green books

nine red chairs

five blue pencils

¡Traduce!:

That is a big black desk. _____

This is good white paper. _____

Those are seven orange notebooks. _____

3

CAPÍTULO *THREE*
[zri]

More, More, More
[mour, mour, mour]
(Más, más, más)

Vocablos *the* y *a*

¡Todo es tan fácil!

The [de]

Pon *the* enfrente de las palabras que nombran las cosas, las personas y los lugares:

the book [de buk] el libro   *the* school [de skul] la escuela

the teacher [de tícher] el maestro

¡Mira!

the books los libros   *the* schools las escuelas

the teachers los maestros

A ver si puedes practicar con estas oraciones:

*This is **the** man.* [Des es de mán]   Este es **el** hombre.

***The** pen is on **the** table.* [De pén es an de téibol] **La** pluma está en **la** mesa.

*Where is **the** park?* [Uer es de párc] ¿Dónde está **el** parque?

A [a]

Ahora entiendes un poco sobre *the*. Pues, hay otra palabra chiquita que también te puede ayudar muchísimo. Se trata de ***a***, la cual significa "un" o "una". Igual que *the, **a*** va enfrente de los nombres de las cosas, los lugares y las personas:

***a** book* un libro   ***a** school* una escuela   ***a** teacher* un maestro

Se usa *a* para hablar de cualquier cosa, mientras que *the* indica cosas que ya están entendidas. Practica con estos ejemplos:

*It's **a** book.* Es un libro.
*That's **a** pen.* Esa es una pluma.
*Charles is **a** doctor.* Carlos es un médico.

The *doctor is at **the** hospital.* **El médico está en el hospital.**
The *book is on **the** table.* **El libro está en la mesa.**
A *man is in **the** house.* **Un hombre está en la casa.**

☞ ¡Avisos!

- Di ***an*** en lugar de ***a*** antes de una palabra que empieza con una de estas letras: *A, E, I, O, U*; por ejemplo:

an apple   [en ápel]   una manzana

an egg   [en eg]   un huevo

an ice cream   [en áis crim]   un helado

an orange   [en oranch]   una naranja

an umbrella   [en ambréla]   un paraguas

- Si te confundes con ***the***, ***a*** o ***an***, no hay ningún problema. Te van a entender de todos modos. Cuando te corrijan, dite a ti mismo, "¡Lo voy a recordar para la próxima vez!"

La Regla de Muchos

¡Buenas noticias! Hablar de muchas cosas (el plural) es casi lo mismo en los dos idiomas. Pon la **s** al final:

one taco   un taco   *two tacos*   dos taco**s**

Y de vez en cuando, hay que añadir **es** al final:

one watch   un reloj   *two watches*   dos reloj**es**

¡Ojo! Algunas palabras plurales son muy locas y tendrás que memorizarlas:

one man   un hombre   *two men*   dos hombres
one child   un niño   *two children*   dos niños
one fish   un pescado   *two fish*   dos pescados
one tooth   un diente   *two teeth*   dos dientes

¡Fíjate!   No se pone la **s** en cada palabra como lo hacemos en español:

Many good friends.   [méni gud frens]   Muchos amigos buenos.
A lot of big fish.   [a lót of big fish]   Muchos peces grandes.
Lots of new watches.   [lots of niu uátches]   Muchos relojes nuevos.

¡APUESTO QUE SÍ PUEDES!

¡Traduce y nota la diferencia!:

Escribe o di *a* o *an*:

Mr. Sanchez is the teacher.
Mr. Sanchez is a teacher.

This is a book
This is the book.

Where is the table?
Where is a table?

_____ *book*

_____ *orange*

_____ *egg*

_____ *friend*

_____ *apple*

_____ *chair*

_____ *man*

_____ *woman*

_____ *umbrella*

There [der] significa "Hay" o "Allí" ("Ahí", "Allá"). Traduce y practica en voz alta:

There is... [der es]	*no more money.*
	the phone.
	a big party.
	an English book.
	a red and black car.
There are... [der ar]	*many bathrooms.*
	five chairs.
	lots of children.
	the watches.
	pencils and pens.

¡Cambia las frases! (No escribas si no quieres):

This is a book.   **These are books.**
This is a pencil.   **These are pencils.**

This is a desk. These are _____

This is a chair. _____

This is a car. _____

Una al día...

Al aprender un nuevo idioma, una buena manera de obtener confianza es usar frases cortas, en vez de sufrir tratando de formar oraciones largas. Las frases cortas son de gran utilidad, porque se pueden usar con frecuencia—especialmente cuando ya no tienes más que decir. Al usarlas, te sentirás más seguro y tu inglés sonará muy fluido. Practica una frase nueva cada día. ¡Y ten cuidado! Todas ellas son muy pegajosas:

Are you sure?   [ar iu shúr]   ¿Estás cierto?
Good idea!   [gud aidía]   ¡Buena idea!
I see.   [ai sí]   Yo veo.
I think so.   [ai zínk so]   Creo que sí.
I'm so glad.   [aim só glad]   Me alegro.
Just the opposite.   [yast de ápaset]   A lo contrario.
Like this?   [laik dés]   ¿Así?
Maybe.   [méibi]   Quizás.
Me, neither.   [mi níder]   Yo, tampoco.
Me, too.   [mi tú]   Yo, también.
More or less.   [mor or lés]   Más o menos.
No wonder!   [no uánder]   ¡Con razón!
Not me!   [nat mí]   ¡Yo, no!
Of course.   [of córs]   Por supuesto.
Really?   [ríli]   ¿Es verdad?
Sure.   [chur]   Seguro.
That depends.   [dat dipéns]   Depende.
That's good.   [dáts gud]   Está bueno.
That's O.K.   [dáts o quei]   Está bien.
That's right.   [dats ráit]   Eso es correcto.
Whatever you want.   [uatéver iu uant]
    Lo que quieras.
Who knows?   [ju nóus]
    ¿Quién sabe?
Why not?   [uai nát]   ¡Cómo no!
Without a doubt.   [uizáut a dáut]
    Sin duda.

¡Más frases claves!

Recuerda, prueba **una al día** de las frases cortas que ves a continuación:

At the same time. [at de seim táim] A la misma vez.
Lots of times. [láts av taims] Muchas veces.
Not yet. [nat iét] Todavía no.
Not now. [nat náo] Ahora no.
On time. [an táim] En punto.
Backwards. [bákuards] Al revés.
Upside down. [apsaid dáun] Boca abajo.

Y para decir "adiós":

Have a nice day! [jav a nais déi] ¡Buen día!
Have a nice trip! [jav a nais tríp] ¡Buen viaje!
Have a good time! [jay a gud táim] ¡Que te diviertas!

Give my regards to… [guiv mai rigárds tu] Me saluda a…
Give my love to… [guiv mai láv tu] Me abraza a…

Take care! [teik quér] ¡Cúidate!
Get well soon! [guet uel sún] ¡Que te mejores!
Good luck! [gud lák] ¡Buena suerte!

Dí estas frases, pero, ¡con mucha **emoción**!:

Congratulations! [congratiuléchons] ¡Felicitaciones!
Happy Birthday! [jápi bérdtei] ¡Feliz cumpleaños!
Merry Christmas! [méri crísmas] ¡Feliz Navidad!
Happy New Year! [jápi nú ier] ¡Feliz Año Nuevo!

Help! [jelp] ¡Socorro!   *Wow!* [uáo] ¡Caramba!

Para personas ocupadas

I'm leaving now. [aim lívin nao] Ya me voy.
He's gone. [jis gón] Ya se fue él.
She's not here. [chis not jír)] Ella no está aquí.
I'll be right back. [ail bi ráit bak] Ahora vengo.
Here she comes. [jir chi cáms] Aquí viene ella.
Ready? [rédi] ¿Listo?
Let's go! [lets gó] ¡Vámonos!

☞ ¡Avisos!

- Otra vez, el inglés está lleno de frases que no se traducen al español. Pero uno puede pasar todo el día usando estas frases cortas y nada más.
- Para aprender más expresiones, escucha con cuidado a los americanos. Escribe la pronunciación en español y memorízala. Repite las frases hasta que te sientas bien
- **¡Dios mío!**
  For Heaven's sake!
    [for jévens séik]
  For crying out loud!
    [for cráin aut láud]
  Oh, no!   [óu nóu]
  Oh, my gosh!
    [óu mai gách]

Oh, boy!   [óu bóy]   ¡Qué bueno!
Go on!   [go án]   ¡Vaya!
No way!   [no uéi]   ¡No puede ser!
Forget it!   [forguét et]   ¡Olvídalo!

What a joke!   [uat a llóuk]   ¡Qué chiste!
What a shame!   [uat a chéim]   ¡Qué lástima!
What luck!   [uat lák]   ¡Qué suerte!

How awful!   [jao áful]   ¡Qué barbaridad!
How strange!   [jao stréinch]   ¡Qué extraño!
How sad!   [jao sád]   ¡Qué triste!
How embarrassing!   [jao embéresin]   ¡Qué vergüenza!

¡Estas palabras son muy valiosas!

That's [dats]…   *a lie!*   [a lái]   una mentira!
¡Eso es…   *boring!*   [bórin]   aburrido!
   correct!   [coréct]   correcto!
   dumb!   [dam]   tonto!
   enough!   [ináf]   bastante!
   excellent!   [éxcelent]   excelente!
   fantastic!   [fantástic]   fantástico!
   great!   [greit]   muy bueno!
   horrible!   [jóribol]   horrible!
   important!   [impórtant]   importante!
   incredible!   [incrédebol]   increíble!
   interesting!   [íntrestin]   interesante!
   necessary!   [néceseri]   necesario!
   stupid!   [stúped]   estúpido!
   wonderful!   [uánderful]   maravilloso!

Encuentros con amigos

Si tú has puesto atención en las páginas anteriores, este ejercicio no será difícil para ti. Todo lo que tienes que hacer es llenar los espacios en blanco con las palabras o frases adecuadas. No necesitas escribirlas. Y sólo usa el inglés que ya has aprendido:

What's happening?

_____!

_____!

See you later!

What's your name?

_____!

_____!

You're welcome.

Aquí puedes levantar la voz un poco:

Trata más de una respuesta. En las páginas anteriores, busca por posibles contestaciones. También, tal como lo harías en la vida real, **¡sé creativo!**

I Have a Question
[ai jav a cuéschon]
(Yo tengo una pregunta)

Tres sugerencias para lograr el éxito

Trata de aplicar estas sugerencias cuando hagas preguntas y des respuestas en inglés:

1 Concéntrate en la primera palabra.

Solamente existen unas pocas palabras que indican que te están haciendo una pregunta, así que, ¡apréndelas! El siguiente paso es escuchar las palabras principales en la pregunta que puedas reconocer o adivinar. Pon atención en el tema de la conversación.

2 Contesta de la manera más corta posible.

Tómate el tiempo necesario. Y si quieres, repite la pregunta que te hicieron antes de contestarla. Al principio, responde con palabras claves y frases cortas.

3 Relájate y recuerda tu español.

Ya sea que estés preguntando o contestando, trata de usar cada palabra así como lo harías en español. Además, no olvides que está bien mezclar los dos idiomas si no te acuerdas de la palabra apropiada.

Las primeras preguntas en *English*

Asegúrate de poder entender y pronunciar bien las palabras de **question** que siguen:

What? [uat] ¿Qué?
Which? [uich] ¿Cuál?
How? [jao] ¿Cómo?
How many? [jao méni] ¿Cuántos?
How much? [jao mách] ¿Cuánto?
Where? [uer] ¿Dónde?
When? [uen] ¿Cuándo?
Why? [uai] ¿Por qué?
Who? [ju] ¿Quién?
Whose? [jus] ¿De quién?

What? [uat] (¿Qué?)

Empecemos con las preguntas que se hacen con **what**, porque es posible contestarlas en una o dos palabras. Aquí están unas preguntas fáciles que te servirán para conseguir mucha información básica. Y por favor, no traduzcas palabra por palabra; también, recuerda la Regla de Combinar:

> **What**'s = **What** *is*
>
> **What**'s *your name?* [uats ior néim] ¿Cuál es tu nombre?
> **What**'s *your address?* [uats ior ádres] ¿Cuál es tu dirección?
> **What**'s *your phone number?* [uats ior fón namber] ¿Cuál es tu número de teléfono?

A ver si reconoces estas preguntas:

> **What** *time is it?* [uat táim es et] ¿Qué hora es?
> **What**'s *happening?* [uats jápenin] ¿Qué pasa?
> **What** *do you want?* [uat du iu uánt] ¿Qué quieres?
> **What**'s *that?* [uats dát] ¿Qué es eso?
> **What** *are you doing?* [uat ar iu dúin] ¿Qué estás haciendo?

¿Sabes tú otras?

What…?

_____ ?

_____ ?

_____ ?

¡APUESTO QUE SÍ PUEDES!

Las preguntas con *What* son las más comunes en inglés. Contesta las siguientes con poquitas palabras:

What's your name?
What's your address?
What's your phone number?
What's your nationality?
What's happening?

Which? [uich] (¿Cuál?)

Se usa ***which*** para comparar las cosas. Cuando tengas que escoger, recuerda esta palabra.

> *Which do you like?*   [uich du iu láik]   ¿Cuál te gusta?
> *Which one?*   [uich uán]   ¿Cuál es?
> *Which is bigger?*   [uich es bíguer]   ¿Cuál es más grande?
> *Which ones are yours?*   [uich uáns ar iors]   ¿Cuáles son los tuyos?
> *Which is better?*   [uich es béter]   ¿Cuál es mejor?

Anota otros ejemplos que tú sepas:

> *Which…?*

_____ ?

_____ ?

_____ ?

¡Atención!

Which y *what* son muy diferentes. ***What*** puede significar "cuál", "cuáles" o "qué":

> *What's your address?*
> ¿Cuál es tu dirección?
> *What are their names?* ¿Cuáles son sus nombres?
> *What's this?* ¿Qué es esto?

Your name, please. [ior néim, plis]
(Tu nombre, por favor.)

Ahora que estamos hablando de las preguntas importantes, vamos a tomar un momento para estudiar la frase *What's your name?* (¿Cómo te llamas?). En el mundo hispano, el nombre de una persona lleva mucha información. En los Estados Unidos, la mayoría de la gente sólo usa su **primer nombre** con el **apellido** del papá:

Mary   *Smith*

first name [ferst néim]   *last* name [last néim]

A veces los americanos también tienen un "nombre en medio":

middle name [mídel neim]

Mary   ***Ann***   *Smith*

Veamos unos nombres y apellidos tradicionales de Norteamérica. Y como siempre, recuerda que las guías de pronunciación en este libro no son perfectas:

Male [meil] Masculino	*Female* [fímeil] Femenino	*Last Name*
Bill [bil]	*Alice* [ális]	*Adams* [ádams]
Bob [bab]	*Anne* [an]	*Anderson* [ánderson]
Charles [charls]	*Beth* [bet]	*Black* [blac]
Dan [dan]	*Cathy* [cázi]	*Brown* [braoun]
Dave [deiv]	*Debbie* (débi)	*Davis* [déivis]
Ed [ed]	*Donna* [dána]	*Edwards* [éduerds]
Fred [fred]	*Jane* [llein]	*James* [lleims]
George [llorch]	*Jean* [llin]	*Johnson* [llánsan]
Jim [llim]	*Joan* [lloun]	*Jones* [llouns]
Joe [llou]	*Judy* [llúdi]	*Miller* [míler]
John [llan]	*Karen* [quéren]	*Robinson* [rábinson]
Mark [marc]	*Kim* [kim]	*Smith* [smid]
Mike [maik]	*Linda* [linda]	*Taylor* [téilor]
Pete [pit]	*Liz* [lis]	*Thomas* [támas]
Steve [stiv]	*Mary* [méri]	*White* [uáit]
Ted [ted]	*Nancy* [nánci]	*Wilson* [uilsen]
Tom [tam]	*Susan* [súsan]	*Williams* [uíliams]

☞ ¡Avisos!

- *How terrible!* [jao téribol] (¡Qué terrible!) y *How fantastic!* [jao fantástic] (¡Qué fantástico!) son expresiones comunes y no son preguntas.
- Estas preguntas con *How* son muy buenas:
  How do you pronounce it? [jao du iu pronáons et] ¿Cómo se pronuncia?
  How do you spell it? [jao du iu spel et] ¿Cómo se deletrea?
  How does it work? [jao das et uérk] ¿Cómo funciona?
- *How old are you?* [jao óld ar iu] (¿Cuántos años tienes?) es mi favorita. Contesta de esta manera:
  I am…years old. [ai em…iers old] Tengo…años.

Busca más nombres y escríbelos aquí:

_____

_____

_____

How? [jao] (¿Cómo?)

Vas a encontrar *how* por todas partes, y no siempre tiene que ver con "¿Cómo?". Mira estos ejemplos:

> *How are you?* ¿Cómo estás?
> *How tall are you?* ¿Cuál es tu estatura?
> *How long have you been here?* ¿Cuánto tiempo tienes aquí?
> *How about some more?* ¿Quieres más?

How much? y *How many?* son preguntas distintas. *How much?* [jao mách] (¿Cuánto?) es la pregunta que usas cuando vas de compras:

> *How much does it cost?*   [jao mach das et cást]
> ¿Cuánto cuesta?

How many?   [jao méni]   (¿Cuántos?) es un poco diferente. Úsala cuando quieras saber el número de cosas que hay:

> *How many books?*   [jao méni buks]   ¿Cuántos libros?

Aquí tienes más ejemplos:

> *How many times?* ¿Cuántas veces?
> *How many people?* ¿Cuántas personas?
> *How many days?* ¿Cuántos días?

> *How much time?* ¿Cuánto tiempo?
> *How much money?* ¿Cuánto dinero?
> *How much water?* ¿Cuánta agua?

¡APUESTO QUE SÍ PUEDES!

Contesta:

How are you?
How old are you?
How is your family?

Traduce y lee en voz alta:

How many blue chairs?
How many big black cars?
How many green houses?

How much soda?
How much money?
How much water?

Where? [uer] (¿Dónde?)

Si llegaras a perderte, la palabra *where* te sería muy útil. Para preguntar por una persona, un lugar o una cosa, la frase que debes usar es: *Where is*…? (¿Dónde está…?)

¡Practica los siguientes ejemplos en voz alta!

Where is Mary?   [uer es María]   ¿Dónde está María?
Where is the bathroom?   [uer es de bázrum]   ¿Dónde está el baño?
Where do you live?   [uer du iu líf]   ¿Dónde vives?
Where do you work?   [uer du iu uérk]   ¿Dónde trabajas?
Where are you going?   [uer ar iu góin]   ¿Adónde vas?
Where are you from?   [uer ar iu fróm]   ¿De dónde eres?

Encuentra más preguntas con *where*. ¡Apréndetelas!, y anota algunas aquí:

Where…?

_____

_____

_____

When? [uen] (¿Cuándo?)

Vamos a estudiar el reloj y el calendario muy pronto. Así que prepárate
con unas preguntas que emplean *when:*

When...	*does it begin?*	[das et biguín]	empieza?
¿Cuándo…	*does it end?*	[das et énd]	termina?
	does it arrive?	[das et aráiv]	llega?
	does it leave?	[das et líiv]	sale?

Why? [uai] (¿Por qué?)

Why? es importante solamente cuando necesitas explicaciones.

How come? [jao cám] es una expresión que significa la misma cosa.
Cuando alguien te pregunte *why?*, siempre empieza tu contestación
con:

> **Because** [bicós]… Porque…

Por ejemplo:

> **Why** *is John happy?* ¿Por qué está feliz Juan?
> **Because** *John's in love.* Porque Juan está enamorado.

Who? [ju] (quién/quiénes)

Así funciona esta pregunta clave:

> **Who** *is it?* [ju és et] ¿Quién es?
> **Who** *are they?* [ju ár dey] ¿Quiénes son?
> **Who** *is calling?* [ju es cálin] ¿Quién llama?

Para contestar preguntas con *who?*, sólo necesitas el nombre de la
persona: **Who** *is that?* —*That is* **Mr. Miller**.

¡APUESTO QUE SÍ PUEDES!

What's your address? _____

What's your last name? _____

Which do you like—Honda or Toyota? _____

Which is better—a pen or a pencil? _____

How are you? _____

How old are you? _____

How many days in December? _____

How much is 2 + 2 ? _____

Where do you live? _____

Where are you from? _____

When is Christmas? _____

When does work begin? _____

Who are you? _____

Why are you happy? _____

Lee los siguientes nombres norteamericanos; usa la pronunciación correcta:

Bill Edwards	*Alice Wilson*
Dave Smith	*Debbie Johnson*
Mark Robinson	*Nancy Miller*
Mr. Fred Taylor	*Mrs. Jean Anderson*
Dr. Bob James	

Conecta las preguntas con las respuestas correctas:

Where?	*nine books*
When?	*Guatemala*
How much?	*red*
How many?	*$5.00*
What color?	*2:30*
Why?	*Mary*
Who?	*Because!*

Las "palabras personales"

Usa estas palabritas tal cómo se usan en el español y…
¡No se te olvide señalar!

Para contestar preguntas, a veces, tienes que usar las "palabras personales":

I [ai] yo

You [iu] usted o tú

She [chi] ella

He [ji] él

They [dei] ellos

You guys [iú gais] ustedes

We [uí] nosotros

¡Avisos!

- Fíjate en que estas palabras te sirven para empezar una conversación:
  She is intelligent. (Y usa la Regla de Combinar: *She's intelligent.*)

- *They* también puede usarse para hablar de objetos. Para hablar de un objeto usa *it* [et]:
  It is a book.
  It is my car.
  It is no problem.

- Recuerda siempre que *you* puede significar "tú", "usted" o "ustedes".

Las "palabras de posesión"

Muchos confunden las palabras personales con las "palabras de posesión", las cuales contestan la siguiente pregunta:

Whose...? [jús] ¿De quién...?

	my	[mai]	mi
	your	[ior]	tu/de ustedes
That's...	*his*	[jis]	su/de él	...*car.*
	her	[jer]	su/de ella
	their	[der]	su/de ellos
	our	[aur]	nuestro

Para hablar de "posesión" con los nombres de personas, debes cambiar el orden de las palabras. Nota que la *'s* aquí no tiene relación con la Regla de Combinar. Se puede usar también para indicar la posesión. Estudia estos ejemplos:

el amigo de María	**el dinero** del Sr. Smith	**el carro** de Lupe y Tony
Maria's **friend**	*Mr. Smith's* **money**.	*Lupe and Tony's* **car**.

> **☞ ¡Aviso!**
>
> Cuando algo le pertenece a un animal o a una cosa, usa *its* [ets] para decir "su":
> *The animal is big.*
>   *I am **its** friend.*
>   (su amigo)
> *Where is my sofa?*
>   ***Its** color is green.*
>   (su color)

Nombremos este cambio la "Regla del Reverso". Esta regla se usa mucho en inglés. A veces es necesario pensar "al revés". Estudia las siguientes diferentes frases:

Muchos amigos **buenos**.	Tres flores **bonitas**.
*A lot of **good** friends.*	*Three **pretty** flowers.*
Mi carro **verde y azul**.	El cinco de **mayo**.
*My **green and blue** car.*	***May** fifth.*

¡Ahora **no**!
Not now!

Seguramente encontrarás muchos más ejemplos, y te vas a equivocar de vez en cuando. ¡Qué importa, a nadie le molesta si te confundes!

¡APUESTO QUE SÍ PUEDES!

Conecta las palabras personales con las palabras correctas:

He   a book
She   six pens
It   John
They   Maria
We   You and I

Vamos a juntar las palabras personales con las palabras de posesión.

Por favor, lee en voz alta:

> Who are you?
> Who is your friend?
> Who's the president?
> Whose book is that?
> Whose car is this?
> My money is in your car.
> Her children are at our house.
> There is his black pen.
> It is John's telephone.
> Maria's chair is big.
> Its color is red and yellow.

Practica la siguiente conversación con tus amigos, y cambien lugares cuando terminen (¡Cambia los nombres si quieres!):

Persona 1	Persona 2
Who is she?	That's Cathy. She's my friend.
Who is he?	That's Bill. He's Cathy's friend.
Who is that man?	His name is Tom Johnson. He's our doctor.
Who is that woman?	That's Dr. Johnson's friend. Her name is Linda.

Sin buscar la traducción, ¿puedes decir el significado de cada una de estas palabras?

> What? How? Which? Where? When? How many? How much? Why? Who? Whose?

The Interview!
[ínterviu] (¡La entrevista!)

Si tú has decidido aprender el inglés seriamente, "La entrevista" es para ti. Aquí te muestro cómo trabaja. Traza un formulario similar al ejemplo que se encuentra debajo. Después, simplemente prepara tres preguntas que se usan comúnmente y escríbelas para encabezar las tres columnas al lado derecho de aquélla titulada *"Names"*. Luego, ponte en un lugar donde puedas entrevistar fácilmente a personas que hablan el inglés. Escribe los nombres completos de las personas entrevistadas bajo la columna encabezada *"Names"*. Para conseguir los nombres, usa la primera pregunta del formulario. Coloca las respuestas en los espacios debajo de cada pregunta.

¡Avisos!

- Cuanto más inglés sepas, más difíciles serán tus preguntas. No necesitas esforzarte por ahora.
- Comienza despacio. Practica primero con personas conocidas.
- Una entrevista como ésta de sólo tres preguntas te tomará menos de dos minutos, por lo tanto, no podrás decir que estás muy ocupado para hacerla.
- Si se te dificulta entender, haz que las personas escriban sus propias respuestas.
- Sé amistoso. Al acercarte a personas extrañas ofrece estas frases como explicación:
  Excuse me. [exquíus mi] Disculpe.
  I'm in an English program. [aim in an ínglech prógram] Estoy en un programa de inglés.
  I'd like to ask you three questions. [aid laik to ask iu zri cuéschons] Quisiera hacerle tres preguntas.
  Thanks a lot! [zenks a lót] ¡Muchas gracias!

  Confía en mi, a ellos les agradará ayudarte.

Names (Los nombres)	*What is your name?* (¿Cómo te llamas?)	*How are you?* (¿Cómo estás?)	*Where are you from?* (¿De dónde eres?)
Mary Smith	*Mary*	*Fine*	*California*
Robert Brown			
John Jones			

The Super-Questions!

Hay algunas preguntas en inglés
que forman oraciones completas.
Muchas se usan cuando es necesario obtener más información.
Practícalas como si fueran una
sola palabra:

Do you like it?   [du iu láik et]
   ¿Te gusta?
Do you want it?   [du iu uánt et]
   ¿Lo quieres?
Do you need it?   [du iu níd et]
   ¿Lo necesitas?
Do you have it?   [du iu jáv et]   ¿Lo tienes?
Do you understand?   [du iu anderstánd]   ¿Entiendes?
Do you know?   [du iu nóu]   ¿Sabes?
Can you?   [cán iu]   ¿Puedes?

¡ESCÓGELAS Y ÚSALAS!
Ahora vamos a ver lo que pasa cuando les agregamos más palabras a
las *Super-Questions*. Toma esta oportunidad para usar unas palabras
que ya has aprendido:

Do you like …?   ¿Te gusta…   (la comida, el libro,…)?
Do you understand …?   ¿Entiendes…   (el papel, el inglés,…)?
Do you have…?   ¿Tienes…   (el número, un carro,…)?

4

CAPÍTULO *FOUR* [for]

Much More!
[mach mour]
(¡Mucho más!)

¿Sabes el *Alphabet?*
[álfabet] (alfabeto)

How do you
say it?

Muy pronto vas a estar entre la gente americana haciendo y contestando preguntas en inglés. Ya sea en el trabajo, con el público o en el teléfono, tú aprenderás palabras como parte de tu rutina diaria. Usa estas frases para conseguir más información:

> *What's this?* [uats des]   ¿Qué es esto?
> *How do you say it?* [jao du iu séi et]   ¿Cómo se dice?
> *What's that mean?* [uats dát min]   ¿Qué significa eso?

Son importantes, ¿no te parece? Pero a veces tendrás que escribir algunos de los datos. Entonces, necesitarás hacer la siguiente pregunta:

> *How do you spell it?* [jao du iu spél et]   ¿Cómo se deletrea?

Cuando ellos empiezen a deletrear, di:

> *Letter by letter, please!* [léter bai léter, plis]
> ¡Letra por letra, por favor!

The English Alphabet

El alfabeto en inglés es el mismo que en español, pero no incluye las letras **ch**, **ll**, **ñ**, **rr**. En inglés, la mayoría de letras del alfabeto se pronuncian casi igual que en español:

A	[ei]	N	[en]
B	[bi]	O	[ou]
C	[si]	P	[pi]
D	[di]	Q	[quiú]
E	[ii]	R	[ar]
F	[ef]	S	[es]
G	[lli]	T	[ti]
H	[eich]	U	[iu]
I	[ai]	V	[vi]
J	[llei]	W	[dabol iú]
K	[quéi]	X	[ex]
L	[el]	Y	[uai]
M	[em]	Z	[tsi]

¡Avisos!

- Si puedes, practica el alfabeto en inglés con un americano.
- Deletrea en voz alta todas las palabras que conoces en inglés.
- ¡A ver si te animas a deletrear tu nombre en inglés!
- Un buen método para practicar el orden de las letras es usar un *"English Dictionary"* para encontrar nuevas palabras.
- Recuerda que necesitas hablar el inglés antes de escribirlo. Por lo tanto, no te preocupes si no puedes deletrear muy bien. ¡Hay que abrir la boca primero!
- Ahora, di todo el alfabeto en voz alta:

  a b c d e f g h i j
  k l m n o p q r s t
  u v w x y z

Number by Number
[námber]
(Número por número)

0 1 2 3 4 5 6 7 8 9...

¡Conteste *number by number!*

Los primeros *numbers* del **0** al **9** son fáciles y muy valiosos. Mira lo que puedes decir *number by number*:

Número de . . .

…teléfono	*phone* [fon] **number**
…seguro social	*social security* [sóchel sequiúreti] **number**
…la licencia de conducir	*driver's license* [dráivers láisens] **number**
…la póliza	*policy* [póleci] **number**
…la placa	*license plate* [láisens pleit] **number**
…la tarjeta de crédito	*credit card* [crédit card] **number**

Y otros datos con números:

> *address* [adrés]   la dirección
> *zip code* [tsíp cod]   el código postal
> *area code* [éria cod]   el código de área

¿Te das cuenta? Los números del **0** al **9** están por todas partes. Desde el dinero en tu bolsillo hasta en los canales de televisión. Di todo en inglés, y claro…diviértete!

1 2 3

The Big Numbers

Vamos a presentar los números más grandes por "partes". Esto te ayudará para memorizarlos. Primero, practiquemos el grupo de números que puede ser un poco más difícil de aprender. Tendrás que memorizarlos:

> 10 *ten* [ten]
> 11 *eleven* [iléven]
> 12 *twelve* [tuélf]

Para continuar estudiaremos los números en dos grupos porque estos tienen casi el mismo sonido al final. Para que no te confundas, es importante practicarlos en voz alta (unos terminan con el sonido **-tin** y otros, con **-ti**):

-tin		**-ti**	
		20 *twenty* [tuénti]	
13 *thirteen* [zértin]		30 *thirty* [zérti]	
14 *fourteen* [fórtin]		40 *forty* [fórti]	
15 *fifteen* [fíftin]		50 *fifty* [fífti]	
16 *sixteen* [síxtin]		60 *sixty* [síxti]	
17 *seventeen* [séventin]		70 *seventy* [séventi]	
18 *eighteen* [éitin]		80 *eighty* [éiti]	
19 *nineteen* [náintin]		90 *ninety* [náinti]	

Para decir los otros números es muy sencillo. Solamente añadiremos los números chiquitos. Por ejemplo:

> 25 es *twenty* (20) - *five* (5)
> 52 es *fifty* (50) - *two* (2)
> 91 es *ninety* (90) - *one* (1)

¡Qué fácil! ¿verdad? Practícalos hasta que no tengas problemas:

21 *twenty-one*	23 *twenty-three*
22 *twenty-two*	24 *twenty-four*…

¡APUESTO QUE SÍ PUEDES!

Traduce las siguientes oraciones:

She is twenty-five. _____

This is my third book. _____

My telephone number is 517-6948. _____

Contesta las preguntas que siguen:

How many letters in your first name?
How many telephones in your house?
How many numbers in your telephone number?

¡Avisos!

• Te van a gustar los números más grandes en inglés:

100 *one hundred* [uán jándred]…
200 *two hundred* [tu jándred]…
1000 *one thousand* [uán záosend)…
2000 *two thousand* [tu záosend]…
1,000,000 *one million* [uán mílion]…

123,456,789, por ejemplo, es *one hundred twenty-three million, four hundred fifty-six thousand, seven hundred eighty-nine.*

• Nota los números que expresan orden o sucesión (ordinales):

$1^{\underline{o}}$ = *first* [ferst] 1st
$2^{\underline{o}}$ = *second* [second] 2nd
$3^{\underline{o}}$ = *third* [zerd] 3rd
$4^{\underline{o}}$ = *fourth* [foerdt] 4th
$5^{\underline{o}}$ = *fifth* [fefdt] 5th
6th, 7th, 8th,…

Tell Me the Time! [tel mi de táim] (¡Díme la hora!)

No necesitarás mucho *time* para aprender como decir la hora en inglés. Aunque hay otras maneras para expresarla, esta forma es la más fácil y rápida. Primero tienes que saber la pregunta clave:

What time is it?
[uat táim es et]
¿Qué hora es?

Para contestarla, consulta tu *watch* [uach] (reloj de pulsera) o cualquier *clock* [clac] (reloj de pared), y di la hora con los minutos:

(*six*) **6 : 15** (*fifteen*)
(la hora) **HOUR : MINUTES** (los minutos)
[áuer] : [mínuts]

Si la hora está "en punto", es un poco diferente:

6:00 es *six o'clock*   [sics o clác]

- Pon *It's…*[ets] (Son las…) en frente y ya está completo:

    It's 5:30.   *It's 7:00.*   *It's 1:55.*

- Para decir "A las…", usa *at* en lugar de *it's*.

    *The party is **at** nine.*
    *The program is **at** seven-fifteen.*

- *Time* significa muchas cosas en inglés:

    *Next **time**.*   La próxima **vez**.
    *Lot's of **time**.*   Mucho **tiempo**.
    *What **time**?*   ¿A qué **hora**?

- Hay más expresiones de *time*. Aquí siguen algunas de mis favoritas:

  A.M. [ei em] y *P.M.* [pi em]
  in the morning [en de mórnin]
     de la mañana
  in the afternoon [en de afternún]
     de la tarde
  in the evening o *at night*
     [en de ívnin/at nait]
     de la noche
  noon [nun] mediodía
  midnight [mídnait]
     medianoche
  on the dot [on de dat] en punto

- Recuerda, la puntualidad es muy importante en Norteamérica. No puedes llegar y salir cuando quieras. Si tienes una cita importante, ¡no llegues tarde!

¡APUESTO QUE SÍ PUEDES!

¡Escribe con números!:

fifty-six <u>56</u>

eighteen <u>18</u>

thirty-two _____

ninety-one _____

four hundred _____

seven thousand _____

five million _____

Escribe la hora en otra forma:

seven-twenty <u>7:20</u>

one-ten _____

nine fifty-five _____

twelve midnight _____

two in the afternoon _____

eight in the morning _____

four o'clock _____

three o'clock _____

The Calendar [de cálender] (El calendario)

Para continuar marcando el tiempo en inglés, es necesario que aprendas las palabras relacionadas con el calendario. ¡Comencemos con las más comunes!:

day   [dei]   el día
week   [uík]   la semana
month   [mandt]   el mes
year   [íer]   el año

The calendar!

Days of the Week

Monday   [mándei]   lunes
Tuesday   [tiúsdei]   martes
Wednesday   [uénsdei]   miércoles
Thursday   [zérsdei]   jueves
Friday   [fráidei]   viernes
Saturday   [sáderdei]   sábado
Sunday   [sándei]   domingo

Months of the Year

January [llánueri] enero   *July* [llulái] julio
February [fébrueri] febrero   *August* [ógost] agosto
March [march] marzo   *September* [septémber] septiembre
April [éiprol] abril   *October* [octóber] octubre
May [mey] mayo   *November* [novémber] noviembre
June [llun] junio   *December* [dicémber] diciembre

What's the Date?   [uats de déit] (¿Cuál es la fecha?)

Cuando digas la fecha en inglés, te sonará un poco rara. Estudia los ejemplos:

El **tres** de junio   *June* ***third***
El **once** de octubre   *October* ***eleventh***
El **primero** de abril   *April* ***first***

Y el año siempre se lee como dos números separados:

1993 = 19 (nineteen) 93 (ninety-three)

¡ESCÓGELAS Y ÚSALAS!

There's a party….   Hay una fiesta…   (el viernes, el martes).
Do you work…?   ¿Trabajas…   (el jueves, el 3 de julio)?
The program is….   El programa es…   (en marzo, por los viernes).
Tomorrow is the…of….   Mañana es el (5 de agosto,
    2 de junio).
*Which is your favorite **month?*** _____
*Which is your favorite **day?*** _____

¡Adelante con el *Calendar*!

Aparte de las palabras que usamos en el calendario básico, también es
bueno conocer otras palabras y expresiones que te ayudarán a que tus
mensajes sean más claros. No te olvides de practicarlas en voz alta
primero, antes de lanzarte a usarlas:

> *What day is today?*   [uat dei es tudéi]   ¿Qué día es hoy?
> *What day is tomorrow?*   [uat dei es tumárou]
>   ¿Qué día es mañana?
> *What day was yesterday?*   [uat dei uas yésterdei]
>   ¿Qué día fue ayer?
> *…the day after tomorrow*   [de dei áfter tumárou]
>   pasado mañana
> *…the day before yesterday*   [de dei befór yésterdei]
>   anteayer

> ☞ **¡Avisos!**
>
> • Para practicar el
>   calendario, usa las
>   *questions:*
>   ***When*** *is vacation?*
>   ***What*** *day?*
>   ***Which*** *month?*
>   ***How*** *many years?*
> • ¿Te has dado cuenta
>   que en inglés, los
>   meses del año y los
>   días de la semana
>   llevan siempre
>   mayusculas? ¡Mira la
>   diferencia!
>   Por el lunes =
>   ***On*** *Monday*
>   Por los lunes =
>   ***On*** *Mondays*
>   Por el 3 de mayo =
>   ***On*** *May third*
>   En 1991 = ***In***
>   *nineteen ninety-one*
>   En enero =
>   ***In*** *January*

More Important Vocabulary

the next one   [de nécst uan]
    el próximo
the past one   [de pást uan]
    el pasado
daily   [déili]   diariamente
weekend   [uíkend]
    el fin de semana
birthday   [bérdtei] el cumpleaños
anniversary   [anivérsari]
    el aniversario

wedding   [uédin]   la boda
party   [párty]   la fiesta
vacation   [veiquéichon]   las vacaciones
meeting   [mítin]   la junta
appointment   [apóintment]   la cita

The Seasons   [de sísens]
(las estaciones)

summer   [sámer]   el verano   *fall*   [fal]   el otoño
winter   [uínter]   el invierno   *spring*   [sprin]   la primavera

¡APUESTO QUE SÍ PUEDES!

Trata de traducir, leer y contestar estos ejercicios en voz alta. Contesta con pocas palabras:

When is your birthday? _____

When is your vacation? _____

What time is it? _____

What's the date today? _____

What day is tomorrow? _____

How many days in November? _____

How many months in a year? _____

Which is your favorite season? _____

Conecta cada palabra con la traducción correcta:

Tuesday	febrero
June	enero
Friday	martes
December	invierno
Wednesday	junio
February	diciembre
summer	miércoles
Thursday	viernes
January	verano
winter	jueves

How's the Weather?
[jaos de uéder]
(¿Cómo está el clima?)

Todo el mundo conversa del clima, y la pregunta común en inglés es:
How's the weather? Es excelente para preguntarla cuando no tienes
mucho que decir.

Ahora, si eres tú quien la recibe, contesta así:

It's...   *cold.* [cold] frío.
[ets]   *hot.* [jat] caliente.
Está…   (o Hace calor.)
                     windy. [uíndi]
                     ventoso.
                     sunny. [sáni]
                     soleado.
                     nice. [nais]
                     bonito.
                     clear. [clier]
                     despejado.
                     cloudy. [cláudi]
                     nublado.

                     snowing. [snóuin]
                     nevando.
                     raining. [réinin]
                     lloviendo.
                     drizzling. [dríslin]
                     lloviznando.

Más palabras del *Weather*

air [éer] aire
clouds [cláuds] nubes
degrees [digrís] grados
fog [fag] neblina
hurricane [júraquein] huracán
ice [ais] hielo
lightning [láitnin] relámpago

rain [réin] lluvia
sky [skái] cielo
snow [snóu] nieve
storm [storm] tormenta
thunder [zánder] trueno
tornado [tornéido] tornado
water [uáter] agua

☞ **¡Avisos!**

- Usamos *there is* o *there are* [der is, der ar] mucho en inglés. Las dos expresiones significan "hay":

  There is a storm.
  There are clouds.
  There is a lot of snow.

- Agrega **very**:

  It's *very* nice.
  Está muy bonito.

Otras palabras interesantes:

smog	[smag]	contaminación del aire		
smoke	[smok]	humo		
fire	[fáer]	fuego		
earthquake	[érdtcueik]	terremoto		

earth	[erdt]	mundo
stars	[stars]	estrellas
moon	[mun]	la luna
tide	[taid]	la marea

¡APUESTO QUE SÍ PUEDES!

Traduce y lee en voz alta:

It's raining here and snowing there.
There are clouds in the sky.
It's very nice and clear.
Where are the stars and the moon?
It's windy and cold in the winter.
This fire is red and that smoke is black.

¡VAMOS A REPASAR!

Di dos o tres palabras en inglés de cada una de las siguientes categorías:

Saludos y cortesías
Números 0–9
Colores
Salón de clase
Frases cortas ("Una al día")
Primeras preguntas
Palabras personales
Palabras de posesión
Palabras del *weather*

Super-Questions
The Big Numbers
Days of the Week
Months of the Year

¿Sabes decir el alfabeto en inglés?
¿Sabes decir la hora en inglés?
¿Cuál es la diferencia entre **the** y **a**?

CAPÍTULO *FIVE* [faiv]

People

[pípol]

(La gente)

Is [es] y Are [ar]—¿Cuál es la diferencia?

¡Yo digo *IS*!

¡Yo digo *ARE*!

¡Atención!
Puedes usar *is* y *are* para decir otras cosas también. Aprenderemos aquellas formas muy pronto.

¿Has notado que cortas palabras en inglés frecuentemente se encuentran en muchas de las frases sencillas? *IS* y *ARE* se escuchan por todas partes porque se usan mucho para comunicar los mensajes básicos. Es muy importante entonces que entiendas la diferencia. En general, *is* significa "es" o "está" y se refiere a una sola persona o cosa. Mientras que *are* se refiere a personas o cosas múltiples y, usualmente, significa "son" o "están". Estudia los ejemplos:

*This **is** my pen*.   Esta **es** mi pluma.
*She **is** fine*.   Ella **está** bien.
*The car **is** red*.   El carro **es** rojo.
*John **is** here*.   Juan **está** aquí.

*Those **are** my books*.   Aquellos **son** mis libros.
*We **are** doctors*.   Nosotros **somos** médicos.
*They **are** in the house*.   Ellos **están** en la casa.
*Mary and Charles **are** friends*.   María y Carlos **son** amigos.

¡APUESTO QUE SÍ PUEDES!

Usa el inglés que ya entiendes para traducir estas frases sencillas:

That is Tom's car. _____

These are good. _____

It is September 10th. _____

Five and five are ten. _____

It's 8:30 P.M. _____

There is a problem. _____

There are problems. _____

Llena los espacios en blanco con *is* o *are*:

The pencil _____ *on the table.*
Our books _____ *in the house.*
Mr. and Mrs. Gonzalez _____ *in the car.*
Where _____ *my big blue pen?*
How many doctors _____ *in the hospital?*
She _____ *a very good friend.*
They _____ *Cubans.*
That _____ *your chair.*
There _____ *twenty-six letters in the English alphabet.*
The weather _____ *very cold in December.*
It _____ *six o'clock.*

¿También, ¿estás usando la Regla de Combinar?: ***That's*** *Tom's car.*
There's *a problem.* ***You're*** *my friend.*

> ### ¡Aviso!
> *You* significa "Ud." o "Uds.", y siempre toma ***are***:
>
> *You* ***are*** *my friend.*
> *You* ***are*** *my friends.*
> *You* ***are*** *an excellent doctor.*
> *You* ***are*** *excellent doctors.*
> *You* ***are*** *a Latino.*
> *You* ***are*** *Latinos.*

La Conexión #1

Ya es tiempo de unir todas tus *words* [uerds] (palabras). Unas cuantas palabras unidas lógicamente pueden crear un mensaje muy significativo. Y no olvides que ni la mala pronunciación ni la gramática incorrecta pueden destruir una buena comunicación. Entonces habla sin miedo poniendo tus palabras más o menos en el mismo orden que lo haces en español.

Al empezar a hablar, lo más fácil es usar palabras "sueltas" y frases cortas:

> *Yes!*   ¡Sí!
> *He is.*   Él es.

Después agregar más palabras para "explicar" no es muy difícil:

> *Yes, he is **my friend**.*

Además, se facilita más La Conexión usando estas palabritas: ***and*** (y), ***or*** (o), ***but*** (pero). Por ejemplo:

> *He is my friend, **and** she is my friend, **but** she's more intelligent.*

Aquí tienes varias frases (¿recuerdas todas las palabras?) que al juntarse forman oraciones largas:

Joe's book	El libro de José
is red and blue,	es rojo y azul,
but it's at his house.	pero está en su casa.
What's your name	¿Cómo te llamas
and where do you live?	y dónde vives?
In December	En diciembre
it's cloudy and very cold,	está nublado y hace mucho frío,
and there are lots of storms.	y hay muchas tormentas.

Ahora, trata de conectar tus propias frases:

_____

_____

_____

¡Sigue uniendo tus palabras! Si al hablar se te olvida una, díla en español. Esto podría sorprender a algunos americanos, pero te van a comprender.

How Are You? [jao ár iu]
(¿Como estás?)

Nosotros ya hemos hablado un poco acerca de la pregunta, **"¿Cómo estás?"** en inglés. Y sabemos la respuesta, **"fine"** [fain] (bien). Ahora veamos otras posibles respuestas con las que puedes expresar cómo te sientes:

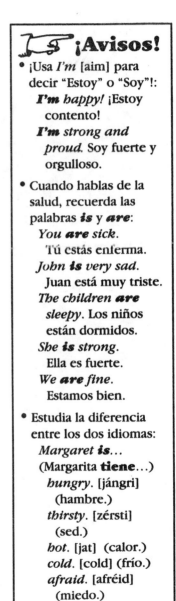

angry   [éngri]   enojado
bored   [bord]   aburrido
busy   [bísi]   ocupado
fantastic [fantástic] fantástico
happy   [jápi]   feliz
nervous   [nérves]   nervioso
not bad   [nát bad]   regular
proud   [práud]   orgulloso
sad   [sad]   triste
sick   [sic]   enfermo
sleepy   [slípi]   dormido
strong   [strong]   fuerte
tired   [taird]   cansado
weak   [uik]   débil
worried   [uórid]   preocupado

¡ESCÓGELAS Y ÚSALAS!

- *The girls are*….   Las muchachas están…(cansadas, nerviosas).
- *You're very*….   Tienes mucho…(frío, calor).
- *Steve is*….   Esteban está…(triste, ocupado).
- *They are*….   Están…(orgullosos, fuertes).
- *I'm a little*….   Estoy un poco…(enfermo, dormido).

¡Avisos!

- ¡Usa *I'm* [aim] para decir "Estoy" o "Soy"!:
  I'm happy! ¡Estoy contento!
  I'm strong and proud. Soy fuerte y orgulloso.

- Cuando hablas de la salud, recuerda las palabras *is* y *are*:
  You are sick.
    Tú estás enferma.
  John is very sad.
    Juan está muy triste.
  The children are sleepy. Los niños están dormidos.
  She is strong.
    Ella es fuerte.
  We are fine.
    Estamos bien.

- Estudia la diferencia entre los dos idiomas:
  Margaret is…
  (Margarita *tiene*…)
  hungry. [jángri] (hambre.)
  thirsty. [zérsti] (sed.)
  hot. [jat] (calor.)
  cold. [cold] (frío.)
  afraid. [afréid] (miedo.)

What a Body!
[uat a bádi] (¡Qué cuerpo!)

Llegó el momento de aprender las diferentes partes del cuerpo humano. Después de todo, las personas estamos hechas de *flesh and bone* [flech an bon] (carne y hueso):

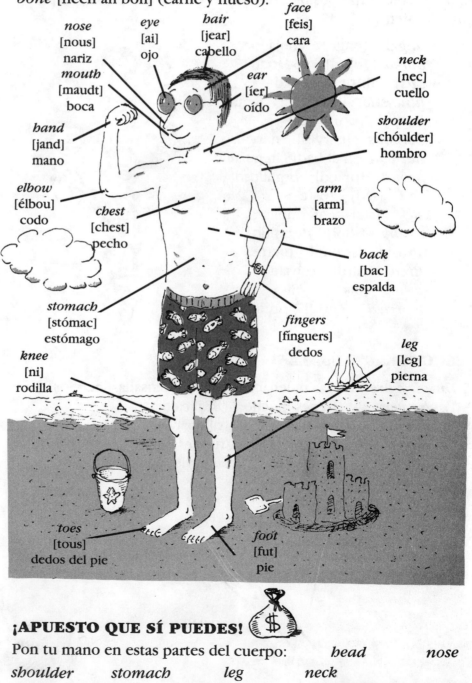

nose
[nous]
nariz

eye
[ai]
ojo

hair
[jear]
cabello

face
[feis]
cara

ear
[íer]
oído

neck
[nec]
cuello

mouth
[maudt]
boca

shoulder
[chóulder]
hombro

hand
[jand]
mano

elbow
[élbou]
codo

chest
[chest]
pecho

arm
[arm]
brazo

back
[bac]
espalda

stomach
[stómac]
estómago

fingers
[fínguers]
dedos

leg
[leg]
pierna

knee
[ni]
rodilla

toes
[tous]
dedos del pie

foot
[fut]
pie

¡APUESTO QUE SÍ PUEDES!

Pon tu mano en estas partes del cuerpo: *head*   *nose*
shoulder   *stomach*   *leg*   *neck*

Ouch! [auch] (¡Ayyy!)

Aquí tienes algunas palabras y frases en inglés para ayudarte a expresar problemas o dolores que tengas en el cuerpo:

blood [blad] sangre
broken bone [bróquen bon] hueso quebrado
bruise [brus] contusión
cut [cat] cortada
fever [fíver] fiebre
pain [pein] dolor
wound [uónd] herida

a cold [a cold] resfriado
sore throat [sord tróut] dolor de garganta
the flu [de flu] influenza

backache [bác eic] dolor de espalda
headache [jéd eic] dolor de cabeza
stomachache [stómac eic] dolor de estómago
toothache [túd eic] dolor de muela

En caso de emergencia

accident [áccident] accidente
ambulance [ámbiulans] ambulancia
emergency [emérllensi] emergencia
first aid [ferst éid] primeros auxilios
medicine [médicin] medicina
paramedics [peramédics] paramédicos
Red Cross [red crás] Cruz Roja

¡APUESTO QUE SÍ PUEDES!

Lee en voz alta:

The paramedics are in the ambulance.
There's pain in her elbow.
He has cuts and blood on his arms.

How's the Family?
[jaos de fámeli]
(¿Cómo está la familia?)

Sin duda, uno de los primeros encuentros que tendrás en inglés te llevarán a hablar de los miembros de tu famelia. Pero antes de que aprendamos sobre la *family*, primero hagamos un esfuerzo en dominar varias palabras acerca de las personas **(Nota las diferentes formas)**:

man [man] hombre
woman [uóman] mujer
child [chaild] niño

girl [guerl] muchacha
boy [boi] muchacho

Ahora…

The Family

mother [máder] madre
father [fáder] padre
son [san] hijo
daughter [dáter] hija

parents [pérents] padres
grandparents [grándperents] abuelos
brother [bráder] hermano
sister [síster] hermana

¡ESCÓGELAS Y ÚSALAS!
- *Lupe is my*…. Lupe es mi…(hermana, hija).
- *The… is here*…. (El hombre, La muchacha) está aquí.
- *Who is her* …? ¿Quién es su…(madre, padre)?
- *We are John's*…. Somos los…(abuelos, parientes) de Juan.
- *These are the*…. Estos son los…(niños, bebés).

Más palabras de *persons*:

> *people* [pípol] gente
> *teen-agers* [tin éillers] jóvenes
> *adults* [adólts] adultos
> *kids* [quids] personas jóvenes o niños
> *friend* [frend] amigo
> *enemy* [énemi] enemigo
> *relatives* [rélativs] parientes
> *buddies* [bádis] compañeros
> *lovers* [lávers] amantes
> *boyfriend* [bóifrend] novio
> *girlfriend* [guérlfrend] novia

> **mom and dad** [mam and dad] mamá y papá
> **someone** [sámuan] o **somebody** [sámbadi] alguien
> **no one** [nó uan] o **nobody** [nóubadi] nadie
> **anyone** [éniuan] o **anybody** [énibadi] cualquier
>   persona
> **everyone** [évriuan] o **everybody** [évribadi] todo el
>   mundo

The Whole Family
[de jól fámili] Toda la familia

> *grandfather* [grándfader] abuelo
> *grandmother* [grándmader] abuela
> *grandchildren* [grándchildren] nietos

> *uncle* [áncol] tío
> *aunt* [ant] tía

cousin	[cásin]	primo o prima
nephew	[néfiu]	sobrino
niece	[nís]	sobrina
husband	[jásben]	esposo
wife	[uaif]	esposa
father-in-law	[fáder in lo]	suegro
mother-in-law	[máder in lo]	suegra
son-in-law	[san in la]	yerno
daughter-in-law	[dáter in lo]	nuera
brother-in-law	[bráder-in-lo]	cuñado
sister-in-law	[síster-in-lo]	cuñada
godfather	[gádfader]	padrino
godmother	[gádmader]	madrina
godparents	[gadperents]	padrinos

Puedes hablar mucho de la familia con **his** y **her** (su).
Lee todo en voz alta. Recuerda que *her* es "de ella" y *his* es "de él":

● Habla de la gente usando estas palabras claves:

	older.	[ólder]	mayor.
	younger.	[iánguer]	menor.
He is... El es...	*a twin*.	[a túin]	un gemelo(a).
She is... Ella es...	*married*.	[mérid]	casado(a).
	single.	[síngol]	soltero(a).
	divorced.	[divórst]	divorciado(a).
	widowed.	[uídoud]	viudo(a).

He's her husband.
He's her father.
He's her brother.
He's her son.
He's her grandfather.

She's his wife.
She's his mother.
She's his sister.
She's his daughter.
She's his grandmother.

¡APUESTO QUE SÍ PUEDES!

¿Entiendes esta historia?
Mary is Dan's girlfriend. She's in the hospital.
She is sick. Dan is fine, but he's very worried.

¡Practica esta conversación!

How's your family?	*Everybody is O.K., thanks.*
Where are they?	*My mother and father are in Mexico. My brother and sister are here.*
Who is Alma?	*She is my wife.*
What's your brother's name?	*Roberto.*
How old is he?	*He's twenty.*

Escribe la palabra contraria. Después traduce y lee en voz alta:

male   female
men   women

husband _____

grandfather _____

boy _____

boyfriend _____

father _____

son _____

brother _____

uncle _____

Conecta cada palabra en inglés con su significado:

cousins	niños
buddies	casado
children	primos
parents	jóvenes
nobody	compañeros
people	gente
married	padres
teenagers	mamá
mom	nadie

A Lot of Work! [a lat af uérk] (¡Mucho trabajo!)

La mayoría de las personas no pasan todo su tiempo en la casa con los miembros de la familia. Mucha gente se va a trabajar. Por lo tanto, necesitamos aumentar nuestro vocabulario para incluir palabras relativas al *work*.

The Workers [de uérkers] (Los trabajadores)

architect [árquetect] arquitecto
babysitter [béibisiter] cuidador de niños
carpenter [cárpenter] carpintero
cashier [cachíer] cajero
chef [chef] cocinero
clerk [clerc] dependiente
dentist [déntist] dentista
doctor [dáctor] doctor
engineer [inllenír] ingeniero
farmer [fármer] campesino
fireman [fáirman] bombero
gardener [gárdner] jardinero
lawyer [lóller] abogado
maid [meid] criada
manager [mánayer] gerente
mechanic [mecánic] mecánico
musician [miusíchan] músico
nurse [ners] enfermero
painter [péinter] pintor
plumber [plámer] plomero
policeman [polísman] policía
salesperson [séilsperson] vendedor
secretary [sécretari] secretario
soldier [sólchier] soldado
student [stúdent] estudiante
teacher [tícher] maestro
truck driver [trác dráiver] camionero
waiter [uéiter] mesero
worker [uérker] trabajador

Algunas personas "extras"

assistant [asístent] asistente
boss [bas] jefe
client [cláient] cliente
employee [emplólli] empleado
owner [oúner] dueño

Ocupaciones algo diferentes

actor [áctor] actor
astronaut [ástronat] astronauta
athlete [ádlit] atleta
clown [cláon] payaso
thief [dif] ladrón
writer [ráiter] escritor

¡ESCÓGELAS Y ÚSALAS!

- *Who is the*…? ¿Quién es…(el jefe, el cocinero, el maestro)?
- *Kim and Fred are*…. Kim y Fred son…(los dueños, los clientes).
- *The*…*is excellent.* (El pintor, El mecánico, El atleta)…es excelente.

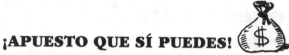

¡APUESTO QUE SÍ PUEDES!

Traduce oralmente estas frases:

> *Mrs. Davis is a good lawyer.*
> *That teacher is very busy.*
> *My sister is an English student.*
> *Those athletes are Mark's friends.*

There are five waiters in the restaurant.

Where is the apartment manager?

Why is the policeman here?

Mike and George are my mechanics.

Conecta la palabra con su significado:

soldier	escritor
nurse	bombero
cashier	jardinero
writer	enfermero
fireman	criada
gardener	cajero
maid	soldado

"Work, Work, Work!"

No existe realmente una manera de presentar en inglés todo el vocabulario relacionado con tu trabajo. Todos tenemos diferentes *jobs* [llabs] (trabajos), y dentro de cada *job* hay diferentes funciones. La siguiente es una colección de palabras que te pueden ayudar. Pero si necesitas saber el nombre de algo específico acerca de tu lugar de trabajo, pide ayuda a alguien que hable inglés. Recuerda esta pregunta: ***What's this thing called in English?*** (¿Cómo se llama esto en inglés?)

Ahora, trabajemos con estos vocablos:

agency [éillensi] agencia
application [apliquéichon] aplicación
appointment [apóintment] cita
computer [compiúter] computadora
contract [cóntract] contrato
copier [cópier] copiadora
driver [dráiver] chofer
factory [fáctori] fábrica
forms [forms] formas
interview [ínterviu] entrevista
machine [machín] máquina
materials [matírials] materiales
meeting [mítin] junta
office [áfis] oficina
paycheck [péichec] cheque de pago
program [prógram] programa
repair [ripér] reparación
schedule [squéchul] horario
strike [straic] huelga
time card [táim card] tarjeta
tools [tuls] herramientas
training [tréinin] entrenamiento
typewriter [táipraiter] máquina de escribir
warehouse [úerjaus] almacén

¡APUESTO QUE SÍ PUEDES!

¡Traduce!:

The secretary and the boss are at the meeting.
The teacher and the student are at the computer.
The lawyer and the clerk are at the office.
The manager and the engineer are at the factory.
The doctor and the nurse are at the machine.
Where are the schedules and application forms?
Where are the paychecks and time cards?

¡Avisos!

- ¡Solicita!
  I would like...
  [ai uod laik]
  Yo quisiera...
    more business.
    [mor bísnes] más
    negocios.
    my vacation.
    [mai veiquéichon]
    mis vacaciones.
    insurance.
    [Inchúrens]
    el seguro.
    more benefits.
    [mor bénefits]
    más beneficios.
    a position.
    [a posíchon]
    un puesto.
    a career. [a caríer]
    una carrera.
    an opportunity.
    [en aportúneti]
    una oportunidad.
    success! [sacsés]
    ¡el éxito!
- ¡Conversa!
  Francisco...
  Mr. Smith...
  He...
  She...
  My friend...
  Mary...
  quit. [cuit] renunció.
  retired. [ritáird]
    se retiró.
  is hired. [es jáyerd]
    está contratado(a).
  is fired. [es fáyerd]
    está despedido(a).

What Do They Look Like? [uat du dey lúk laik] (¿Cómo son?)

Al hablar de personas en el idioma inglés, éstas se describen igual que las cosas. Necesitas aplicar la Regla del Reverso. Cada vez que quieras describir a alguien, simplemente pon las palabras "al revés" en tu mente:

*He's a **big boy**.*   Él es un **muchacho grande**.

Y ahora, practica con estas palabras descriptivas:

big   [big] o
   large   [larch]   grande
little   [lítel] o
   small   [smol]   pequeño
good   [gud]   bueno
bad   [bad]   malo
new   [niu]   nuevo
old   [old]   viejo
lazy   [léisi]   perezoso
hard-working   [jard-uérkin]
   trabajador
ugly   [ágli]   feo
pretty   [príti]   bonito
handsome   [jánsom]   guapo
tall   [tal]   alto
long   [lang]   largo
short   [chort]
   bajo o corto
thin   [zin]   flaco
fat   [fat]   gordo
crazy   [créisi]   loco
nice   [nais]   simpático
strange   [streinch]   extraño
strong   [strong]   fuerte
weak   [uík]   débil

¡ESCÓGELAS Y ÚSALAS!
- *You are very*....   Tú eres muy...(gorda, vieja, alta).
- *He's*....   Él es...(bajo, guapo, fuerte).
- *Is Rogelio*...?   ¿Es Rogelio...(extraño, flaco, perezoso)?

Más *Descriptions*

dumb [dam] tonto
smart [smart] inteligente
bright [brait] brillante
dirty [dérti] sucio
clean [clin] limpio
interesting [íntrestin] interesante
brave [breiv] valiente
dangerous [dényeres] peligroso
broken [bróquen] roto
wide [uaid] ancho
narrow [nérou] estrecho
smooth [smud] suave
rough [raf] áspero
famous [féimas] famoso
right [rait] correcto
wrong [rang] incorrecto
available [avéilabol] desponible
marvelous [márveles] maravilloso
fast [fast] rápido
slow [slou] lento
empty [émpti] vacío
full [ful] lleno
light [lait] claro
dark [darc] oscuro
easy [ísi] fácil
difficult [díficalt] difícil
expensive [expénsif] caro
cheap [chip] barato
hot [jat] caliente
cold [cold] frío
hard [jard] duro
soft [saft] blando
rich [rich] rico
poor [puor] pobre

What do **you** look like?

 **¡Avisos!**

- Existen cantidades de palabras descriptivas que son fáciles de recordar porque se parecen mucho al español: *favorite, natural, sincere, popular, elegant, terrible, furious.* Ten cuidado con las engañosas: *embarrassed* (avergonzada) no significa "embarazada".
- Para dar una descripción completa, hazlo como en español: *The house is big, red and green.* (La casa es grande, roja y verde.)
- Ahora que estás poniendo más de dos vocablos juntos en inglés, te mereces unas palabras de ánimo: **Siente orgullo por lo que has logrado hasta ahora.** ¡La confianza se gana con pequeños éxitos!

¡ESCÓGELAS Y ÚSALAS!

- *That man is….*   Ese hombre es…(rico, pobre, valiente).
- *My car is….*   Mi carro está…(lleno, limpio, sucio).
- *Many people are….*   Muchas personas son…(difíciles, famosas).

¡APUESTO QUE SÍ PUEDES!

Estudia, traduce, y lee en voz alta:

The new manager is in the big warehouse.
Where are those three pretty nurses?
John, Donna and Bill are three very interesting people.
Who is that tall and thin boy?
My father is nice, intelligent, and handsome.
Her arms are strong, but her legs are weak.

Escribe tus propias oraciones:

_____

_____

_____

Conecta los vocablos opuestos:

big	*bad*
pretty	*long*
thin	*dirty*
hot	*little*
old	*ugly*
hard	*soft*
clean	*cold*
good	*new*
short	*fat*

Conecta la palabra en inglés con su significado en español:

weak	fuerte
easy	barato
full	pobre
crazy	débil
cheap	fácil
strong	lleno
poor	loco

6

CAPÍTULO *SIX* [sics]

Things
[zings]
(Las cosas)

In My House...
[in mai jaus] (En mi casa...)

Toda palabra nueva, como todo, se aprende mejor a través de la experiencia. Haz que una persona te dé órdenes, las cuales tú debes obedecer, para mover, señalar, recoger, llevar, o simplemente tocar las siguientes cosas de la casa:

Move
[muv]
mueve

Point to
[póin tu]
señala

the...
[de]
la/el

Pick up
[pícap]
recoge

Carry
[quéri]
lleva

Touch
[tach]
toca

sofa [sófa]

armchair
[ármcher]

lamp
[lamp]

chair [cher]

T.V. [tiví]

stereo
[stério]

paintings [péintins]

table [téibol]

door [dor]

bathtub [bádtab]

bookcase
[búkqueis]

phone [fon]

stove [stouf]

refrigerator
[rifríllereitor]

dresser [dréser]

toilet [tóilet]

sink [sinc]

clock [clac]

¡ESCÓGELAS Y ÚSALAS!

- *...is broken.* (La lámpara, La estufa)...está rota/descompuesta.
- *Where are the big black...?* ¿Dónde están las grandes y negras... (mesas, sillas)?
- *How much is the...?* ¿Cuánto cuesta...(el librero, el sillón)?

More Things in the House!
(¡Más cosas en la casa!)

rug [rag] alfombra
trashcan [tráchcan] bote de basura
cabinets [cabnets] gabinetes
curtains [quértens] cortinas
closet [cláset] ropero
vacuum cleaner [váquium clíner] aspiradora
washer [uácher] lavadora
dryer [dráier] secadora
blender [blénder] licuadora
toaster [tóuster] tostador
mirror [míror] espejo
drawers [dróers] cajones
shower [cháuer] ducha
broom [brum] escoba
mop [map] trapeador
bucket [báquet] balde

¡APUESTO QUE SÍ PUEDES!

Traduce y lee en voz alta:

The new rug and curtains are black and red.
Where are the large cabinets and dressers?
The oven and the stove are very dirty.
How many doors and windows are in the house?
There are many old brooms and mops in the closet.

What Do You Need?
[uat du iu níd] (¿Qué necesitas?)

pillow   [pílo]   almohada
blanket   [blénquet]   cobija
sheet   [chiit]   sábana
bed cover   [béd caver]   cubrecama

iron   [aírn]   plancha
towel   [táuel]   toalla
soap   [soup]   jabón
pot   [pat]   olla
pan   [pan]   sartén
dishes   [díches]   platos
silverware   [sílveruer]   cubiertos

¡ESCÓGELAS Y ÚSALAS!

- *The…is there.*   El…(espejo, ropero, gabinete) está allí.
- *This…is very ugly.*   Esta…(cobija, toalla, alfombra) es muy fea.
- *Whose…is that?*   ¿De quién es esa…(plancha, toalla, escoba)?

Where Is It? [uer és et]
(¿Dónde está?)

La próxima vez que no puedas encontrar algo que esté extraviado en *the house*, prepara una búsqueda con la familia. Aquí tienes algunos lugares donde posiblemente encontrarás lo que buscas:

It's in the...
Está en...

bedroom.	[bédrum]	el dormitorio.
bathroom.	[bádtrum]	el cuarto de baño.
kitchen.	[quítchen]	la cocina.
dining room.	[dáinin rum]	el comedor.
living room.	[lívin rum]	la sala.
garage.	[garách]	el garaje.
basement.	[béisment]	el sótano.
attic.	[átic]	el desván.
hallway.	[jáluel]	el pasillo.
garden.	[gárden]	el jardín.
yard.	[yard]	el patio.
room.	[rum]	el cuarto.

¡APUESTO QUE SÍ PUEDES!

Completa la siguiente lista de muebles para cada habitación:

Bedroom	**Living room**	**Kitchen**	**Bathroom**
bed	sofa	stove	toilet

Si te ves en apuros domésticos, puedes expresarlos así:

There are problems with my...

home.	[jom]	hogar.
apartment.	[apártment]	apartamento.
condominium.	[condomínium]	condominio.
air conditioning.	[eir condíchonin]	aire acondicionado.
keys.	[quis]	llaves
electricity.	[ilectrísiti]	electricidad.
furniture.	[fúrnechur]	muebles.
outlets.	[áutlets]	enchufes.
gate.	[gueit]	portón.
heating.	[jítin]	calefacción.

Where is it?

locks. [lacs] cerraduras.
plumbing. [plámin] tubería.
lights. [laits] luces.
fence. [fens] cerca.
stairs. [sters] escaleras.
doorbell. [dórbel] timbre.
faucet. [fácet] grifo.
wall. [ual] pared.

Housework Chores [jáusuerk chors]
(Los quehaceres domésticos)

Las siguientes palabras te serán útiles en el cuidado de tu casa:

Tools [tuls] (Las herramientas)

hammer [jámer] martillo
hose [jous] manguera
ladder [láder] escalera
nail [neil] clavo
pliers [pláiers] alicates
rake [reik] rastrillo
saw [sa] serrucho
scissors [sísers] tijeras
screw [scru] tornillo
screwdriver [scrúdraiver] destornillador
shovel [chável] pala

Materials [matírials] (Los materiales)

asphalt [ásfalt] asfalto
brick [bric] ladrillo
cardboard [cárdbord] cartón
cement [cemént] cemento
cloth [clad] tela
floor tile [flór tail] baldosa
metal [métel] metal
plastic [plástic] plástico
rubber [ráber] goma

stone	[ston]	piedra
wire	[uáier]	alambre
wood	[úod]	madera

¡APUESTO QUE SÍ PUEDES!

¿Cuánto inglés sabes? ¿Entiendes estas frases?

The brown sofa and table are in my brother's living room.
His new hammer and saw are in the carpenter's garage.
Your friend's big refrigerator and stove are in his kitchen.
Where are the nails and screws?
How many bricks are in that wall?
Which T.V. is in the bedroom?
Move the tools and materials!
Carry the hose and shovel!
Pick up the keys and locks!
I lost the metal ladder!
I forgot the scissors and cloth.
I broke the floor tile in the kitchen.

Dibuja:

brick	*saw*	*pan*

nail	*stairs*	*wall*

Life in the Big City
[laif in de big cíti] (La vida en la ciudad grande)

En la ciudad el inglés se escucha y se ve por dondequiera, así que dejemos la comodidad de la casa y vayamos a ella. Camina o maneja por los alrededores señalando y nombrando las cosas que ves. Si alguien te ve hablando solo, no te detengas.... ¡Será muy difícil explicar lo que estás haciendo!

Buildings [bíldins] (Los edificios)

bank   [benc]   banco
church   [cherch]   iglesia
college   [cálech]   colegio
factory   [fáctori]   fábrica
fire department   [fáier dipártment]
    departamento de bomberos
gas station   [gas stéichon]   gasolinera
hospital   [jáspitel]   hospital
library   [láibreri]   biblioteca
movies   [múvis]   cine
museum   [miusíum]   museo
office   [áfis]   oficina
pharmacy   [fármaci]   farmacia
police station   [polís stéichon]
    estación de policía
post office   [post áfis]   oficina de correos
restaurant   [réstorant]   restaurante
school   [scul]   escuela
store   [stor]   tienda
supermarket   [súpermarquet]
    supermercado

¡APUESTO QUE SÍ PUEDES!

Conéctalas:

bank	fábrica
church	cine
factory	biblioteca
movies	banco
library	tienda
store	iglesia

Other Special Places
[áder spéchal pléices]
(Otros lugares especiales)

airport	[érport]	aeropuerto
bridge	[bridch]	puente
city block	[citi blác]	cuadra
community	[camiúniti]	comunidad
corner	[córner]	esquina
downtown	[dauntáun]	centro
elevator	[éleveitor]	elevador
floor	[flor]	piso
freeway	[fríuey]	autopista
highway	[jáiuey]	carretera
neighborhood	[néiborjud]	barrio
outskirts	[áutsquerts]	afueras
park	[parc]	parque
road	[roud]	camino
sidewalk	[sáiduak]	acera
street	[strit]	calle
subway	[sábuey]	metro
town	[taun]	pueblo

¡ESCÓGELAS Y ÚSALAS!

- *Excuse me. Where is the…?*   Disculpe. ¿Dónde está…(el museo, el banco, el aeropuerto)?
- *The … and … are new.*   (La iglesia, El cine)…y…(la fábrica, la calle) son nuevos.
- *Mrs. Robertson is at ….*   Sra. Robertson está en…(la esquina, la biblioteca, la farmacia).

How Are You Getting There?
[jao ar iu guétin der] (¿Cómo llegas allí?)

Para viajar, necesitas:

Transportation [transportéichon]
(El transporte)

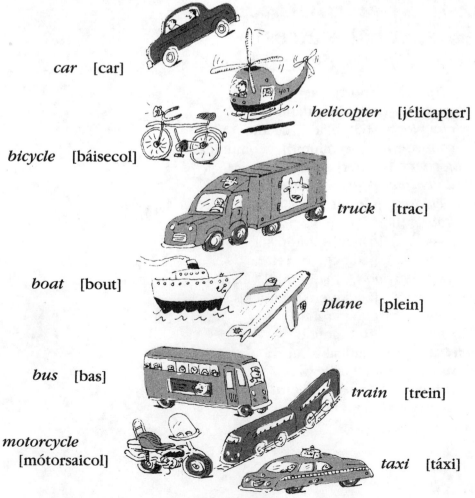

car   [car]

helicopter   [jélicapter]

bicycle   [báisecol]

truck   [trac]

boat   [bout]

plane   [plein]

bus   [bas]

train   [trein]

motorcycle
[mótorsaicol]

taxi   [táxi]

¡ESCÓGELAS Y ÚSALAS!

- *Which is your favorite, … or …?*   ¿Cuál es tu favorito, (el autobús, el barco)…o…(el taxi, el avión)?
- *The … are in the street.*   Los…(carros, camiones) están en la calle.
- *Lupe y Felipe are on the ….*   Lupe y Felipe están en…(el metro, el tren).

Más *City Life* [síti laif] (La vida en la ciudad)

¡Aviso!
Usa estas expresiones:
at home, at church, at school, at work.

bar	[bar]	cantina
car lot	[car lat]	lote de carros
cemetery	[sémeteri]	cementerio
parking lot	[párquin lat]	estacionamiento
pool	[pul]	piscina
skyscraper	[skáiscreiper]	rascacielos
zoo	[suu]	jardín zoológico

Aquí tiene otra información útil para el viajero:

Directions [dairécchons]   (Las direcciones)

N	*north*	[nordt]	norte
S	*south*	[saudt]	sur
E	*east*	[ist]	este
W	*west*	[uest]	oeste

¿Dónde vives?

County   [cáunti]   el condado   _____

State   [steit]   el estado   _____

Country   [cántri]   el país   _____

¡APUESTO QUE SÍ PUEDES!

Practica esta conversación, usando el inglés que ya has aprendido:

Excuse me, where's the post office?   *It's north on Main Street, and east on Second Street.*

Is this the bus to Main Street?   *Yes, it is.*

Ahora, lee en voz alta con otra persona:

Where's the policeman?   *He's at the police station.*
Where's the nurse?   *She's at the hospital.*
Where's the taxi?   *It's at the corner.*

¡ESTUDIA Y ESCRIBE!

Where are the students?   *They're at the school.*

Where are the planes?   *They're at the airport.*

Where are the waiters?   *They're at the* _____

Where are the mechanics?   *They're* _____

Where are the animals?   _____

Nations and Nationalities
[néchons and nachonáletis]
(Naciones y nacionalidades)

Conocer algunos nombres de naciones y nacionalidades en inglés es muy importante porque Estados Unidos es un país que contiene una gran mezcla de gentes de diferentes paises. Fíjate bien que en inglés las nacionalidades requieren la mayúscula al escribirlas:

International English

Nation	Nationality
Canada [cánada] Canadá	*Canadian* [canéidicn] canadiense
China [cháina] China	*Chinese* [chainís] chino
England [ínglend] Inglaterra	*English* [ínglech] inglés
France [frans] Francia	*French* [french] francés
Germany [chérmeni] Alemania	*German* [chérman] alemán
Ireland [áirland] Irlanda	*Irish* [áirich] irlandés
Italy [ítali] Italia	*Italian* [itályan] italiano
Japan [chapán] Japón	*Japanese* [chapanís] japonés
Russia [rácha] Rusia	*Russian* [ráchan] ruso
Spain [spein] España	*Spanish* [spánich] español
United States [iunáited steits] Estados Unidos	*Americans* [americans] norteamericanos
Vietnam [vietnám] Vietnam	*Vietnamese* [vietnamís] vietnamés

U.S.A. = *United States of America* EE.UU.

Where Are You From?
(¿De dónde eres tú?)

Central America [céntral américa]	*Central American* [central américan]
Cuba [quiúba]	*Cuban* [quiúban]
Europe [iúrap]	*European* [iurapían]
Mexico [mécsico]	*Mexican* [mécsican]
Puerto Rico [puérto rico]	*Puerto Rican* [puérto rícan]
South America [sáudt américa]	*South American* [sáudt américan]

¡Aprende el nombre de tu país en inglés!

¡ESCÓGELAS Y ÚSALAS!

- *There are beautiful cities in*….   Hay bellas ciudades en…(Francia, Europa, Inglaterra).
- *Do you speak*…?   ¿Hablas…(español, inglés, italiano)?
- *They're from*….   Son de…(Canadá, Rusia, Alemania).
- *Is she*…?   ¿Es ella…(puertorriqueña, americana)?
- *The food is*….   La comida es…(cubana, china).

¡APUESTO QUE SÍ PUEDES!

!Conéctalas! (¿Cómo está tu pronunciación?):

Spanish	*Italy*
European	*Japan*
English	*Germany*
Japanese	*France*
Irish	*England*
German	*Europe*
French	*Ireland*
Italian	*Spain*

Back to Nature [bac tu néichur] (Regresemos a la naturaleza)

¡Salgamos de la ciudad por un momento! Pero antes de comenzar el viaje, por qué no trabajar con estas maravillas que se encuentran al alcance de nuestras manos en el jardín de la casa. Y así como hemos hecho con todas nuestras nuevas palabras y objetos, sigamos usando la técnica de "tocar y hablar" al mismo tiempo:

branch [branch] rama
bush [buch] arbusto
dust [dast] polvo
flower [fláuer] flor
grass [gras] hierba
leaf [lif] hoja
mud [mad] lodo
plant [plant] planta
rock [rac] piedra
root [rut] raíz
sand [sand] arena
seed [sid] semilla
stick [stic] palo
tree [tri] árbol

Bugs! [bags] (¡Insectos!)

ant [ant] hormiga
bee [bi] abeja
beetle [bítol] escarabajo
fly [flái] mosca
spider [spáider] araña

¿Estás tocando los animales?

Animals
[ánimals]
(Los animales)

bird [berd] pájaro
cat [cat] gato
chicken [chíquen] pollo
cow [cao] vaca
dog [dag] perro
duck [dac] pato
fish [fich] pez
goat [gout] chivo
horse [jors] caballo
mouse [maos] ratón
pig [pig] puerco
sheep [chip] oveja

Estos *animals* no son tan *domestic*:

bear [ber] oso
camel [cámel] camello
deer [dier] venado
elephant [élefant] elefante
giraffe [chiráf] jirafa
hippopotamus [jipopátamos]
  hipopótamo
lion [láion] león
monkey [mónqui] mono
rhinoceros [rainóceres]
  rinoceronte
snake [sneic] víbora
tiger [táiguer] tigre
zebra [síbra] cebra

¡ESCÓGELAS Y ÚSALAS!

- *Move the ... !*   ¡Mueve…(el caballo, el árbol, la oveja)!
- *There are ... in the garden.* Hay…(flores, pájaros, arbustos, moscas) en el jardín.
- *The ... is big and strong.*   (El oso, La vaca, El hipopótamo)…es grande y fuerte.
- *How many ... are at the zoo?*   ¿Cuántos…(tigres, camellos) hay en el jardín zoológico?
- *The ... are brown.*   (Las ramas, Los leones, Las arañas)…son pardos.
- *The ... is my favorite.*   (El mono, El perro)…es mi favorito.
- *The ... is dangerous.*   (El tigre, La víbora, El rinoceronte)…es peligroso.

¡APUESTO QUE SÍ PUEDES!

Traduce las siguientes frases:

Those goats are very ugly.
That camel is big and brown.
Where are the little dogs and cats?
There are many bugs in the flowers.
How many flies are in the kitchen?
The fat pigs are in the mud.
My new horse is in the yard.
The two white ducks are in the water.
The cows and sheep are in the tall grass.
The black ants are on the branches in the tree.

More Animal Words

wild   [uáild]   salvaje
farm   [farm]   granja
circus   [cércas]   circo

Ahora llevemos nuestras palabras al campo:

The Countryside
[de cántrisaid]   (El campo)

coast   [coust]   costa
desert   [désert]   desierto
forest   [fórest]   bosque
hill   [jil]   cerro
jungle   [yánguel]   selva
lake   [leik]   lago
mountain   [máonten]   montaña
ocean   [óchen]   océano
river   [ríver]   río
sea   [si]   mar
valley   [váli]   valle

¡Atención!
¿Estás leyendo en voz alta? Repasa las palabras primero, y recuerda que las guías de pronunciación no son exactas.

¡APUESTO QUE SÍ PUEDES!

¡Hablemos de la naturaleza! Traduce estas frases:

There are elephants and monkeys in the jungle.
There are snakes and camels in the desert.
There are ducks and fish in the lake.
There are pigs and chickens on the farm.
Dogs, cats, and birds are excellent pets.

I'm Hungry! [aim jángri] (¡Tengo hambre!)

Algunos nombres de la *food* [fud] (comida) pueden cambiar de región en región, pero no te pongas nervioso. En vez de eso, goza por la variedad y "come" más inglés. Además, las palabras que siguen pueden ser usadas en cualquier parte con seguridad:

beef [bif] carne de res
chicken [chíquen] pollo
crab [crab] cangrejo
fish [fich] pescado
ham [jam] jamón
hamburger [jámberguer] hamburguesa
hot dog [ját dag] perro caliente
lobster [lábster] langosta
meat [mit] carne
pork [porc] cerdo
sausage [sásech] salchicha
shrimp [srimp] camarón
turkey [térqui] pavo

Enjoy! [enyói] (¡Buen provecho!)

bread [bred] pan
butter [báter] mantequilla
cake [quec] torta
candy [cándi] dulce
cereal [círial] cereal
cheese [chis] queso
cookie [cúqui] galleta
egg [eg] huevo
gum [gam] goma de mascar o chicle
ice cream [áis crim] helado
nut [nat] nuez
pie [pai] pastel
popcorn [pápcorn] palomitas
rice [rais] arroz
salad [sálad] ensalada
soup [sup] sopa
yogurt [ióguert] yogurt

Fruit   [frut]   (La fruta)

apple   [ápel]   manzana
banana   [banana]   plátano
cherry   [chérri]   cereza
grape   [gréip]   uva
grapefruit   [gréipfrut]   toronja
lemon   [lémon]   limón
orange   [oranch]   naranja
pear   [per]   pera
pineapple   [páinapel]   piña
strawberry   [stráberri]   fresa
watermelon   [uátermelon]   sandía

Vegetables   [véchtebols]
(Los vegetales)

cabbage   [cábach]   repollo o col
carrot   [quérot]   zanahoria
celery   [céleri]   apio
corn   [corn]   maíz
cucumber   [quiúcamber]   pepino
green bean   [grín bin]   judía verde
lettuce   [létas]   lechuga
onion   [añon]   cebolla
pea   [pii]   guisante
potato   [potéito]   papa
squash   [scuach]   calabaza
tomato   [toméito]   tomate

¡Atención!

Hay tres comidas tradicionales en Norteamérica. Generalmente, se comen en la mañana, al mediodía , y en la noche. Conjuntamente, se llaman las *meals* [mils]:

- *Breakfast* [brékfast] el desayuno
- *Lunch* [lanch] el almuerzo
- *Dinner* [díner] la cena

¡APUESTO QUE SÍ PUEDES!

Traduce:

What's for breakfast?   *Cereal, eggs, yogurt, and fruit.*
What's for lunch?   *Hamburgers, hot dogs, soup, and salad.*

What's for dinner?   *Steak and lobster, rice, and vegetables.*

What's your favorite meal? _____

What's your favorite food? _____

Dibuja:

pear   *orange*   *fish*

banana   *hamburger*   *egg*

¡ESCÓGELAS Y ÚSALAS!

- *There are…in the salad.*   Hay…(zanahorias, cebollas) en la ensalada.
- *The…is very good.*   (La ensalada, La carne)…es muy sabrosa.
- *The…and the…are good.*   (El pescado)… y (el pavo)… son buenos.

In the Kitchen
[in de quíchen]   (En la cocina)

apron   [éipron]   delantal
bowl   [boul]   tazón
can opener   [cán ópener]   abrelatas
coffee pot   [cáfi pat]   cafetera
cup   [cap]   taza
fork   [fork]   tenedor
glass   [glas]   vaso
knife   [naif]   cuchillo
napkin   [nápquin]   servilleta
plate   [pleit]   plato
pitcher   [pícher]   cántaro
recipe   [récepi]   receta
tablecloth   [téibolcladt]   mantel
spoon   [spun] cuchara
vase   [veis]   florero

¡Aviso!

Mira como se dicen en inglés ciertas unidades. Algunas parecen muy extrañas:

an ear [iir] *of corn* un maíz

a loaf [louf] *of bread* un pan

a dozen [dásen] *eggs* una docena de huevos

a head [jed] *of lettuce* una lechuga

a box of [bacs] una caja de

a bottle of [bátel] una botella de

a can of [can] una lata de

a bag of [bag] una bolsa de

a jar of [char] una jarra de

¡APUESTO QUE SÍ PUEDES!

Lee lo siguiente. Después, si quieres, vuelve a leerlo, cambiando las comidas:

The forks and spoons are on the table.
They're in the kitchen.
It's a can of corn.
In the refrigerator.
At six.

But where are the white napkins?

What's that?
Where's the head of lettuce?
When's dinner? I'm hungry!
That's good!

¡Conéctalas!

bottle	taza
bowl	mantel
cup	tazón
bag	florero
tablecloth	botella
vase	bolsa

I'm Thirsty!   [aim zérsti]
(¡Tengo sed!)

beer [bier] cerveza
cocktail [cákteil] coctel
coffee [cáfi] café
juice [chus] jugo
lemonade [lemonéid] limonada
milk [milk] leche
milkshake [mílkcheic] batido
soft drink [sáf drinc] soda
tea [ti] té
wine [uáin] vino

What Flavor?   [uat fléivor]
(¿Qué sabor?)

It's...	*sweet*	[suít]	dulce
Es...	*sour*	[sauer]	agrio
	bitter	[bíter]	amargo
	dry	[drai]	seco
	salty	[sálti]	salado

¡APUESTO QUE SÍ PUEDES!

Usa la "entrevista" en la página 45 para llenar el siguiente formulario. Pregúntale tus amigos que bebidas les gustan. *Do you like…?* significa ¿Te gusta…? Por ejemplo, *Lupe, do you like coffee?* (¿Lupe, te gusta el café?) *Yes*. (Sí.)

Names	*coffee*	*beer*	*milk*	*lemonade*
Lupe	*yes*	*no*	*yes*	*no*
Antonio				

Special Ingredients   [spéchal
ingrídients]   (Ingredientes especiales)

broth	[brad]	caldo
catsup	[quétchap]	salsa de tomate
cream	[crim]	crema
flour	[flaur]	harina
garlic	[gárlic]	ajo
honey	[jáni]	miel
mayonnaise	[méioneis]	mayonesa
mustard	[másterd]	mostaza
oil	[oil]	aceite
pepper	[péper]	pimienta
salt	[salt]	sal
sauce	[sas]	salsa
spice	[spais]	especia
sugar	[chúgar]	azúcar

¡ESCÓGELAS Y ÚSALAS!

- *The cream is....*   La crema es…(amarga, dulce).
- *The sauce is very....*   La salsa es muy. . .(salada, seca).
- *There's no…here.*   No hay. . .(cerveza, vino) aquí.
- *Pick up the....*   Recoge. . .(la sal, el azúcar).

¡APUESTO QUE SÍ PUEDES!

¿Sabes usar el siguiente formulario? Mira la página 99 si tienes problemas.

Do you like…? ¿Te gusta…?

Names	garlic	honey	sugar	salt
Lupe	no	yes	yes	no
Antonio				

Let's Eat Out!   [lets it áot]
(¡Vamos a comer afuera!)

I'd like... [aid laik]   Yo quisiera…

> *something to eat*   [samdin tu ít]   algo de comer
> *something to drink*   [samdin tu drínc]   algo de beber
> *today's special*   [tudéis spéchel]   el plato del día
> *a menu*   [a méniu]   el menú
> *the check*   [de chéc]   la cuenta
> *an ashtray*   [an áchtrei]   el cenicero
> *more water*   [mor uáter]   más agua

> > ***...please.*** [plis]   por favor.

Is it...	*raw?* [ra] crudo?
¿Está…	*cooked?* [cukt] cocido?
	fried? [fraid] frito?
	fresh? [frech] fresco?
	ripe? [raip] maduro?
	rotten? [ráten] podrido?

Más frases para el *restaurant:*

For here.   [for jíer]   Para comer aquí.
To go.   [tu gó]   Para llevar.
I'm ready to order.   [aim rédi tu órder]   Estoy listo a ordenar.
I'd like dessert.   [aid laik disért]   Quisiera un postre.
I'm on a diet.   [aim on a dáiet]   Estoy a dieta.
Waitress! [uéitres]   ¡Mesera!
Waiter! [uéiter]   ¡Mesero!
Tell the cook.   [tel de cúk]   Dile al cocinero.
It's delicious! [ets dilíchas]   ¡Está delicioso!
It's too hot! [ets tu ját]   ¡Está muy caliente!

¡APUESTO QUE SÍ PUEDES!

Conversa:

Waitress! I'm ready to order.	Yes, sir.
I'd like today's special.	O.K.
Is it fresh?	Yes, sir.
And I'd like more water, please.	O.K.

Waiter, tell the cook it's delicious!

☞ **¡Avisos!**

● Observa a la gente americana cuando ordena su comida en los restaurantes. Aprende las frases más comunes que ellos usan.

● ¡A *tip* [tip] (propina) casi siempre es el 15 por ciento de la cuenta!

What Are You Wearing? [uat ar iu uérin] (¿Qué llevas puesto?)

¡Vístete en inglés! La próxima vez que te estés poniendo algo, ¡nómbralo en inglés !

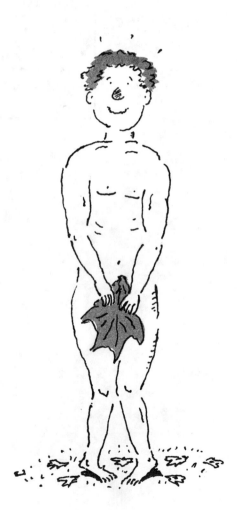

bathrobe [bádtroub]   bata de baño
belt [belt]   cinturón
blouse [blaos]   blusa
boots [buts]   botas
cap [cap]   gorra
gloves [glavs]   guantes
jacket [cháquet]   chaqueta
overcoat [óvercout]   abrigo
pants [pants]   pantalones
raincoat [réincout]   impermeable
scarf [scarf]   bufanda
shirt [chirt]   camisa
shorts [chorts]   calzoncillos
skirt [squert]   falda
socks [sacs]   calcetines
stockings [stáquins]   medias
tie [tai]   corbata
T-shirt [ti-chirt]   camiseta

More Clothing! [Mor clódin] (¡Más ropa!)

bathing suit [béidin sut]   traje de baño
dress [dres]   vestido
hat [jat]   sombrero
pajamas [payámas]   pijamas
slippers [slípers]   zapatillas
shoes [chus]   zapatos
sports coat [spórts cout]   saco deportivo
suit [sut]   traje
sweater [suéter]   suéter
sweatsuit [suétsut]   sudadera
tennis shoes [ténis chus]   zapatos de tenis
underwear [ánderuer]   ropa interior

¡ESCÓGELAS Y ÚSALAS!

- *Where is Susan's…?*   ¿Dónde está…(la blusa, el traje) de Susana?
- *What color is your…?*   ¿De qué color es tu…(falda, suéter).
- *Please pick up my….*   Por favor recoge mis…(medias, corbatas).
- *How much is the…?*   ¿Cuánto cuesta…(el vestido, la bufanda)?
- *The…are very old.*   (Los zapatos, Los guantes)…son muy viejos.

¡APUESTO QUE SÍ PUEDES!

¡Conéctalas!:

dress	zapatos
boots	corbata
cap	guantes
shirt camisa	botas
tie	gorra
blouse	camisa
skirt falda	blusa
gloves	falda
shoes	vestido

Wash Your Clothes! [uach ior clóds]
(¡Lava tu ropa!)

Where's the…?

laundromat	[lándromat]	lavandería
dirty laundry	[dérti lándri]	ropa sucia
detergent	[ditéryent]	detergente
bleach	[blich]	blanqueador
hanger	[jénguer]	gancho
stain	[stein]	mancha
washer	[uácher]	lavadora
dryer	[dráier]	secadora

¡APUESTO QUE SÍ PUEDES!

Como siempre, traduce y lee en voz alta:

Mary's new red blouse is in the washer.
These black and white shoes are very pretty.
There's a big stain on his jacket.
My favorite dress is at the cleaners.
Whose brown belt is this?
How much are the shorts and the pants?
Please move your boots. They are on the kitchen table!

My Jewelry [mai chúlri] (Mis joyas)

bracelet [bréislet] brazalete
brooch [broch] broche
chain [chein] cadena
diamonds [dáimonds] diamantes
earrings [íerins] aretes
gold [gold] oro
jewels [chuls] joyas
necklace [néclas] collar
pearls [perls] perlas
ring [ring] anillo
silver [sílver] plata
watch [uatch] reloj de pulsera

More Items! [mor áitems] (Más cosas)

bag [bag] bolsa
box [bacs] caja
briefcase [brífqueis] maletín
brush [brach] cepillo
cane [quein] bastón
comb [coum] peine
knapsack [nápsac] mochila
make-up [méic-ap] maquillaje

perfume [perfiúm] perfume
purse [pers] cartera
ribbon [ríbon] cinta
suitcase [sútqueis] maleta
umbrella [ambréla] paraguas
wallet [uálet] billetera

¡APUESTO QUE SÍ PUEDES!

Do you like…?

Names	**diamonds**	**pearls**	**gold**	**silver**
Lupe	*yes*	*no*	*yes*	*yes*
_____	_____	_____	_____	_____
_____	_____	_____	_____	_____
_____	_____	_____	_____	_____

Dibuja:

comb   *ring*   *suitcase*

umbrella   *watch*   *cane*

Let's Go Shopping!
[lets go chápin]
(¡Vamos de compras!)

- *money* [máni] dinero
- *check* [chec] cheque
- *credit card* [crédit card] tarjeta de crédito

    bargain [bárguen] ganga
    bill [bil] billete o cuenta
    change [chench] cambio
    coupon [cúpon] cupón
    discount [díscaunt] descuento
    down payment [daun péiment] enganche
    offer [áfer] oferta
    payment [péiment] pago
    price [prais] precio
    receipt [ricít] recibo
    sale [seil] venta
    tax [tacs] impuesto

What's Your Size? [uats ior sáis]
(¿Cuál es tu talla?)

I'm a (aim a)….   *small* [smal] chico
Soy un….   *medium* [mídiam] mediano
    large [larch] grande
    extra large [extra larch] extra

In the Store [in de stor] (En la tienda)

Is that all? [es dat ál] ¿Es todo?
I like it! [ai láik et] ¡Me gusta!
What brand is it? [uat bránd es et] ¿Qué marca es?
It doesn't fit. [et dásent fit] No me queda.
I'll take this. [ail téik des] Me quedo con esto.
How much does it weigh? [jao mach das et uéi]
    ¿Cuánto pesa?
How much is it? [jao mach es et] ¿Cuánto cuesta?

I want to try it on.   [ai uant tu trai et án]
   Quiero probármelo.

I want to charge it to my account.   [ai uant tu charch et tu
   mai acáunt]   Quiero cargarlo a mi cuenta.

Can I help you? [can ai jélp iu]   ¿En qué puedo servirle?

Something else?   [sámzin éls]   ¿Algo más?

What percent?   [uat per cént]   ¿Cuánto por ciento?

It's free.   [ets frí]   Es gratis.

It's too expensive.   [ets tu ecspénsiv]   Es demasiado caro.

It's very cheap.   [ets véri chip]   Es muy barato.

I need a clerk.   [ai nid a clérc]   Necesito un dependiente.

Where's the cashier?   [uers de cachíer]   ¿Dónde está
   el cajero?

Which department?   [uich dipártment]
   ¿Cuál departamento?

Which aisle?   [uich áiel]   ¿Cuál fila?

¡APUESTO QUE SÍ PUEDES!

En voz alta, lee esta conversación con un amigo. Y no te preocupes
si tu pronunciación no es perfecta; la gente americana igual te
entenderá:

Can I help you?	*Yes, please. That silver necklace is pretty.* *I want to try it on.*
O.K. No problem.	*I like it! How much is it?*
Twenty-five dollars.	*Fantastic! I'll take this.*
O.K. Something else?	*Yes, and this perfume.*

Ahora, cambia las palabras con otras. ¡Y diviértete!

Traduce:

Those boots and shoes are very expensive.
In which department are the jackets and sweaters?
I'll take this blouse, and this skirt doesn't fit.

Get into the Act!
[guet intu de áct]
(¡Participa en la actuación!)

La mejor manera de aprender un nuevo idioma es participando y actuando. Por eso es que los mejores programas de aprendizaje usan **los mandatos** como método de enseñanza:

Sing *the song*	**¡Canta** la canción
and	**y**
dance *the dance!*	**baila** el baile!

Para que los mandatos funcionen, necesitas tener dos participantes: quien "habla" y quien "escucha". Para practicar con tus amigos y miembros de tu familia, tomen turnos dando y ejecutando órdenes o mandatos. Selecciona objetos comunes y usa los mandatos que siguen:

¡Actúalos!

Bring	[brin]	Trae
Carry	[quéri]	Lleva
Lower	[lóuer]	Baja
Move	[muv]	Mueve
Point to	[poin tu]	Señala
Raise	[reis]	Levanta
Touch	[tach]	Toca
Turn off	[turn áf]	Apaga
Turn on	[turn án]	Prende
Watch	[uatch]	Mira

...the television. ...la televisión.
...this. [des] ...esto.
...that. [dat] ...eso.

More Commands [mor camánds]
(Más mandatos)

Ask for	[ásc for]	Pide
Buy	[bai]	Compra
Call	[cal]	Llama
Clean	[clin]	Limpia
Climb	[claim]	Sube
Close	[clos]	Cierra
Come	[cam]	Ven

Continue [cotíniu] Sigue
Dance [dans] Baila
Dial [dáiel] Marca
Drink [drinc] Toma
Eat [it] Come
Listen [lísen] Escucha
Look for [luk for] Busca
Open [ópen] Abre
Put inside [put insáid] Mete
Read [rid] Lee
Repeat [ripít] Repite
Return [ritúrn] Regresa
Run [ran] Corre
See [si] Ve
Sell [sel] Vende
Send [send] Manda
Sign [sain] Firma
Sing [sing] Canta
Take away [teik ahuéy] Quita
Take out [teik áut] Saca
Wash [uach] Lava
Write [rait] Escribe

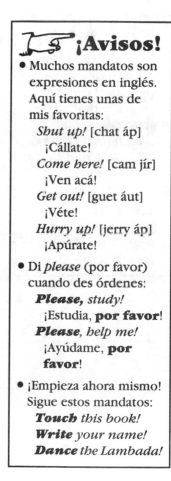

¡Avisos!

- Muchos mandatos son expresiones en inglés. Aquí tienes unas de mis favoritas:
  Shut up! [chat áp]
  ¡Cállate!
  Come here! [cam jír]
  ¡Ven acá!
  Get out! [guet áut]
  ¡Véte!
  Hurry up! [jerry áp]
  ¡Apúrate!

- Di *please* (por favor) cuando des órdenes:
  Please, *study!*
  ¡Estudia, **por favor**!
  Please, *help me!*
  ¡Ayúdame, **por favor**!

- ¡Empieza ahora mismo! Sigue estos mandatos:
  Touch *this book!*
  Write *your name!*
  Dance *the Lambada!*

¡APUESTO QUE SÍ PUEDES!

En voz alta, lee estos mandatos. ¡Y con mucha autoridad!

> ***Look for*** *my wallet!*
> ***Drink*** *your orange juice!*
> *Samuel,* ***come here*** *and* ***clean*** *this room!*
> ***Close*** *those doors and windows!*
> ***Write*** *your name on the paper!*
> ***Take out*** *the dog and cat!*
> ***Call*** *your mother and father!*
> *Please* ***turn off*** *the lights and* ***turn on*** *the television!*

The Super-Mandatos

Aquí tienes algunos de los mandatos más cortos y comunes, los cuales trabajan sin ayuda de ninguna otra palabra. Son frases que deberás decir muy rápido:

Answer me!   [ánser mi]   ¡Contéstame!
Ask for it!   [ásc for et]   ¡Pídelo!
Ask her for it!   [ásc jer for et]   ¡Pídeselo! (a ella)
Ask him for it!   [ásc jim for et]   ¡Pídeselo! (a el)
Calm down!   [calm dáun]   ¡Cálmate!
Do it for me!   [dú et for mi]   ¡Házmelo!
Give it to me!   [gív et tu mi]   ¡Dámelo!
Grab it!   [gráb et]   ¡Agárralo!
Leave it alone!   [liv et alóun]   ¡Déjalo!
Let's go!   [lets gó]   ¡Vámonos!
Pick it up!   [pic et áp]   ¡Recógelo!
Sit down!   [sit dáun]   ¡Siéntate!
Stand up!   [stand áp]   ¡Levántate!
Take care!   [teik quéar]   ¡Cúidate!
Tell me about it!   [tél mi abaut et]   ¡Cuéntamelo!
Wait up!   [ueit áp]   ¡Espérate!
Wake up!   [weik áp]   ¡Despiértate!

¡APUESTO QUE SÍ PUEDES!
¡Conéctalas!:

Let's go!	¡Dámelo!
Wake up!	¡Siéntate!
Give it to me!	¡Despiértate!
Stand up!	¡Vámonos!
Sit down!	¡Levántate!

7

CAPÍTULO *SEVEN*
[séven]

Action!

[ac chen]

(¡Acción!)

Estamos entrando al próximo nivel de aprendizaje del inglés. Por favor, lee lo siguiente con mucho cuidado.

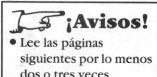

¡Avisos!

- Lee las páginas siguientes por lo menos dos o tres veces. Podría ser un poco difícil y tendrás que poner mucha atención.
- ¿Estás sufriendo con las guías de pronunciación? ¿Por qué? ¡No son muy importantes! Haz lo mejor que puedas.

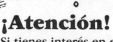

¡Atención!

Si tienes interés en el estudio de todas las formas de **los verbos**, cómprate un texto de gramática, o inscríbete en una clase. Pero si quieres sólo poder comunicarte usando las palabras de acción de una manera muy simple, aplica toda la información que sigue.

Un anuncio importante

En las páginas anteriores ya hemos tratado el "vocabulario básico" en inglés. Ahora, comenzaremos a explicar en este libro los usos de las "palabras de acción" (verbos). Por favor, continúa sin temor. No estaremos haciendo muchos ejercicios de gramática.   Estudiaremos solamente unas sugerencias prácticas, y encontrarás varias listas de palabras que te ayudarán muchísimo. Todo será muy fácil de entender porque no trabajaremos con aquellos detalles que para nuestros propósitos son innecesarios. ¡Sólo aprenderemos lo más importante!

Como ya sabemos, los errores al hablar son muy normales. No vas a mejorar si no pruebas. Así que vamos. ¡Adelante con tu inglés! Piensa positivamente, no te preocupes de cada palabra, y usa solamente lo que necesitas.

Action Information!

En inglés todas las palabras de acción son **muy distintas**, y tienes que recordar cada una. Compara estos ejemplos :

hablar	*speak*	[spik]		correr	*run*	[ran]
trabajar	*work*	[uerk]		comer	*eat*	[it]
manejar	*drive*	[draiv]		escribir	*write*	[rait]

Y como con todas las palabras en inglés, no se pronuncian como se escriben. Así que necesitas saber la pronunciación de cada una. Sin embargo, todas las "formas" (o tiempos) de una acción repiten la misma palabra clave. Vamos a ver un buen ejemplo:

Work!	¡**Trabaj**a!
*I'm **work**ing.*	Estoy **trabaj**ando.
*I **work**ed.*	**Trabaj**é.
*Joe **works**.*	José **trabaj**a.

(Si alguien menciona cualquier frase con *work*, ¡tiene algo que ver con **trabajar**!)

Para entender lo que te están diciendo, escucha por la parte de la palabra que incluye "la acción".

Un paso gigante hacia la fluidez con *Am, Is, Are*

Las frases cortas son fantásticas si quieres hablar poco. Pero para tener una *normal conversation*, necesitarás las útiles palabras: ***am, is*** y ***are***. Éstas se derivan de ***to be*** que en español se traduce **"ser"** y **"estar"**. Ya las hemos estudiado un poco, pero ahora…ponles mucha atención:

> *I **am**...*   Yo soy/estoy
> *You **are**...*   Tú eres/estás
> *He* o *She **is**...*   Él o Ella es/está

Lee esta parte dos o tres veces.

Mira los diferentes usos:

*John **is** very big.* Juan **es** muy grande.
   (descripción)
*Mary **is** in the taxi.*   María **está** en el taxi.
   (colocación)
***Are** you sad?*   ¿**Estás** triste?   (sentimientos)
*I **am** Victor.*   **Soy** Víctor.   (nombres)
***Is** he a doctor?*   ¿**Es** él un
   doctor?   (ocupación)
*Mrs. Torres **is** from Cuba.*   La Sra. Torres **es**
   de Cuba.   (origen)
*She **is** Puerto Rican.*   Ella **es** puertorriqueña.
   (nacionalidad)
*Who **is** working?*   ¿Quién **está** trabajando?
   (acción)
*You **are** my friend.*   **Eres** mi amigo.
   (información)

Y recuerda que muchos americanos aplican la Regla de Combinar con ***am, is, are*** :

> ***I'm*** *a student.*
> ***You're*** *correct.*
> ***He's*** *Mexican.*
> ***She's*** *intelligent.*
> ***Lupe's*** *in the office.*

- A veces *am, is, are* no corresponden a "ser" o "estar". Observa:

    I am 26.   Yo **tengo** 26 años.

    She's cold.   Ella **tiene** frío.

    He is hot.   El **tiene** calor.

    Is Ann afraid?   ¿**Tiene** miedo Ana?

    Are you hungry?   ¿**Tienes** sed?

    I'm in a hurry.   **Tengo** prisa.

    There is a problem.   **Hay** un problema.

    There are two apples.   **Hay** dos manzanas.

- Usa *is* cuando hablas de *it* (un cosa) :

    It is a chair.   Es una silla.

    It's a pencil.   Es un lápiz.

    It's my house.   Es mi casa.

    It is important.   Es importante.

    Where is it?   ¿Dónde está?

    It's cold.   Hace frío.

    It's five o'clock.   Son las cinco.

- Para hacer las preguntas con *am, is* o *are* en inglés, pon estas palabras antes de todo, y sube la voz al final de la frase:

    Is Alfred a STUDENT?

    Is it IMPORTANT?

    Are you O.K.?

    Are you a POLICEMAN?

- ¡Buenas noticias! Parece que todos los latinos aprenden *am, is* y *are* muy rápido.

Adelante con *Are*

Are es muy importante en inglés. Aunque lo puedes usar con *You* (tú), lo decimos también cuando hablamos de "más de uno" (ustedes, ellos, nosotros, etc.):

    You are my friends.   Ustedes son mis amigos.

    They are Cubans.   Ellos son cubanos.

    We are intelligent.   Somos inteligentes.

    Are the boys thirsty?   ¿Tienen sed los chicos?

    The books are on the table.   Los libros están en la mesa.

    You're secretaries.   Ustedes son secretarias.

They're good cars.   Son buenos carros.
We are here.   Estamos aquí.

¡APUESTO QUE SÍ PUEDES!

¡A ver si puedes traducir algunas frases del inglés al español!:

I am a student. _____.

He is American. _____.

You are my friend. _____.

Kathy is in the hospital. _____.

The students are intelligent. _____.

Felipe and Pancho are 16. _____.

We are very happy. _____.

Are you and John hot? _____?

Is it ten-fifteen? _____?

Is there a problem? _____?

Llena los espacios en blanco con *am, is,* o *are*:

My friend _____ *an excellent dentist.*

The plates _____ *in the dining room.*

The clouds in the sky _____ *dark and gray.*

Mary's party _____ *at 7:30 tonight.*

I _____ *twenty, and he* _____ *thirty.*

Those short black dogs _____ *very dangerous.*

We _____ *tired, hungry and thirsty.*

_____ *your brothers in the mountains?*

Not   [nat]

Ponemos *not* después de *am, is* y *are* para decir **"no"**:

*I am **not** American.*   **No** soy americano.
*She is **not** in the house.*   Ella **no** está en la casa.
*We are **not** thirsty.*   **No** tenemos sed.

Y puedes juntar palabras con la Regla de Combinar:

He **isn't** here.   Él **no está** aquí.

We **aren't** Spanish.   **No somos** españoles.

It **isn't** a problem.   **No es** un problema.

There **aren't** any books.   **No hay** libros.

There **isn't** any water.   **No hay** agua.

This **isn't** big.   Esto **no es** grande.

That **isn't** small.   Eso **no es** pequeño.

These **aren't** my pens.   Estas **no son** mis plumas.

Those **aren't** my pencils.   Esos **no son** mis lápices.

¡APUESTO QUE SÍ PUEDES!

Translate! [tránsleit] (¡Traduce!)

Mr. Villa isn't here. _____.

The chairs aren't blue. _____.

I'm not from Chile. _____.

It's not important. _____.

This isn't my soda. _____.

¡Di que NO! Completa las frases:

I am from Spain.   I am **not** from Spain.

Charlie is my brother.   Charlie is **not** my brother.

We are in the hospital.   We _____.

It is seven o'clock.   _____.

They are hungry.   _____.

Don't!   [dont]

Durante tu aprendizaje del inglés, vas a descubrir muchos usos de la palabra *not*. Por ejemplo, ésta se combina con *do* [du] para hacer la palabra **don't**, la cual se usa en muchas expresiones y frases populares.

Don't, cuando se encuentra enfrente de las palabras de acción, significa "no":

Don't run!   [dont rán]   ¡No corras!

Don't smoke!   [dont smók]   ¡No fumes!
Don't walk!   [dont uák]   ¡No camines!
Don't worry!   [dont uéri]   ¡No te preocupes!
Don't be afraid!   [dont bi afréid]   ¡No tengas miedo!
Don't do it!   [dont dú et]   ¡No lo hagas!

Y cuando pones las palabras personales enfrente de *don't*, mira lo que pasa:

*I **don't** have it.*   [ai dont jáv et]   No lo tengo.
*You **don't** need it.*   [iu dont níd et]   No lo necesitas.
*I **don't** like it.*   [ai dont láik et]   No me gusta.
*They **don't** believe it.*   [dei dont bilív et]   No lo creen.
*We **don't** want it*   [ui dont uánt et]   No lo queremos.
*I **don't** know.*   [ai dont nóu]   No sé.
*You guys **don't** understand.*   [iu gais dont anderstánd]
   Uds. no entienden.

Usa *doesn't* [dásent] para decir "no" con las acciones cuando hablas de una sola persona o cosa:

*Lupe **doesn't** work.*   Lupe no trabaja.
*Bob **doesn't** smoke.*   Roberto no fuma.
*My car **doesn't** move.*   Mi carro no se mueve.
*The store **doesn't** close.*   La tienda no cierra.

¡APUESTO QUE SÍ PUEDES!

Llena los espacios con *don't* o *doesn't*:

I _____ like chocolate.

Sandra _____ like candy.

We _____ want new shoes.

She _____ want beer.

They _____ need an apartment.

You _____ need a cat.

He _____ understand English.

> ¡Aviso!
Observa más "palabras de negación" aquí. Estudia los significados:
*I **cannot** stand it.*
   [ai canát stánd et]
   No lo aguanto.
*I did **not** realize.*
   [ai díd nat rílais]
   No me dí cuenta.
*We have **not** finished.*
   [ui jav nat fínicht]
   No hemos terminado.
*He could **not** come.*
   [ji cud nat cám]
   Él no pudo venir.
*I will **not** do it.*
   [ai uil nat dú et]
   No lo voy a hacer.

Do You Have It?
[du iu jáv et] (¿Lo tienes?)

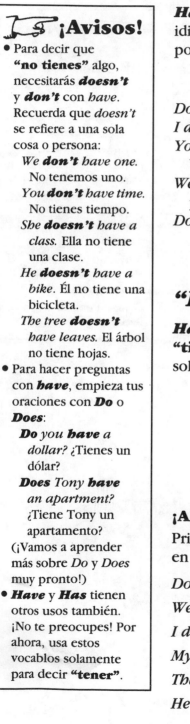
Have significa **"tener"**, y es una de las palabras de más valor en el
idioma inglés. Es necesaria para sobrevivir en todos los idiomas,
porque siempre hay algo que deseamos **tener**:

*Do you **have** water?*   ¿Tienes agua?
*I don't **have** food.*   No tengo comida.
*You guys **have** a house.*
    Ustedes tienen una casa.
*We **have** a problem.*   Tenemos un
    problema.
*Do they **have** it?*   ¿Lo tienen ellos?

Have fun!

"Has" [jas]

Has es una forma de *have*, significa
"tiene", y la usas cuando hablas de una
sola persona o cosa. Por ejemplo:

   *Tina **has** a book.*   Tina **tiene** un libro.
   *My car **has** gas.*   Mi carro **tiene** gasolina.
   *The U.S.A. **has** fifty states.*   Los Estados Unidos **tiene**
   cincuenta estados.

¡APUESTO QUE SÍ PUEDES!

Primero lee lo que sigue en voz alta, y después escribe la traducción
en español:

Don't smoke in the house! _____

We don't like hot food. _____

I don't speak much English. _____

My mother doesn't live in Mexico. _____

That T.V. doesn't work well. _____

He doesn't want the shirt. _____

Do you have beer? _____

I have a big problem. _____

They don't have the money. _____

Francisco doesn't have a job. _____

Mary's sister doesn't have a watch. _____

Does your father have a white car? _____

Llena los espacios en blanco con *have* o *has*:

We _____ a very large yard.

That teacher _____ three new students.

Her blue suit _____ a pretty jacket.

This tree _____ may long branches.

I _____ a color T.V. in my bedroom.

The chicken soup _____ a sour taste.

Do they _____ a red truck?

Mrs. Miller _____ four brothers and five sisters.

The Great Secret
[de greit sícret]
(El Gran Secreto)

El **Gran Secreto** para hablar mucho inglés es que debes saber usar muchas palabras de acción. Juguemos con unas cuantas acciones. Simplemente di:

Please... (Por favor)

watch [uatch] mirar
Please *watch the program.*

pay [pei] pagar
Please *pay the cashier.*

buy [bai] comprar
carry [quérri] llevar
close [clous] cerrar
come [cam] venir
drink [drinc] beber
drive [draif] manejar
eat [it] comer
go [go] ir
leave [liiv] salir
live [lif] vivir
play [plei] jugar
pull [pul] jalar
push [puch] empujar
read [rid] leer
return [ritérn] volver
run [ran] correr
sell [sel] vender
sleep [slip] dormir
walk [wac] caminar
wash [uach] lavar
work [uerk] trabajar
write [rait] escribir

Please read!

I Speak English!

Todas las "formas básicas" de las palabras de acción pueden ser usadas para comunicar tus ideas:

> *I **work** there.*   Trabajo allí.
> *You **work** there.*   Trabajas allí.
> *They **work** there.*   Trabajan allí.
> *We **work** there.*   Trabajamos allí.

¿Te das cuenta?' ¡Solamente necesitas *work* para hablar de mucha gente!

Pero, cuando se habla de **una sola cosa o persona,** la forma básica cambia: se necesita una **s** al final.

> *He works there.*   (Él trabaja allí.)
> *She works there.*   (Ella trabaja allí.)
> *My car works O.K.*   (Mi carro trabaja bien.)
> *It works great!*   (¡Trabaja excelente!)

Otras palabras de acción cambian un poco cuando **una sola persona hace la acción.** Por ejemplo:

I fish.	*We try.*	*They go.*
Ed fishes.	*Mr. Sanchez tries.*	*She goes.*

¡APUESTO QUE SÍ PUEDES!

¡Cámbialas!:

I work.   **_José works._**

I drive.	*She _____.*
I play.	*Paula _____.*
I write.	*He _____.*
I walk.	*Mr. Smith _____.*

Do [du] **_and Does_** [das]

Como nosotros ya sabemos, las palabras *don't* y *doesn't* siempre son usadas en inglés para expresar "no", y las ponemos antes de las palabras de acción. Las palabras, **_do_** y **does** también son importantes. Se usan para formular preguntas. Mira los ejemplos que siguen:

> *Where **do** you live?*   ¿Dónde vives?
> **Do** *they like milk?*   ¿Les gusta la leche?

*What **do** you want?*   ¿Qué quieres?
***Does** she eat fish?*   ¿Come ella pescado?
*When **does** he work?*   ¿Cuándo trabaja él?
***Does** Mary dance well?*   ¿Baila bien María?

Y también se emplean en afirmaciones. Entonces, cuando te pregunten algo, escucha por ***does*** y ***do***!

***Do** you understand?*   *Yes, I **do**!*

¡APUESTO QUE SÍ PUEDES!

Traduce y pronuncia en voz alta:

Geraldo watches T.V. in the afternoon.
Mrs. Smith tries to sleep on the sofa at night.
We don't work at the factory every day.
She doesn't go to school on Sundays.
Do you speak Spanish or Italian?
Does your friend drink coffee or tea?

¡Practica!:

He sings.	*He doesn't sing.*	*Does he sing?*
She dances.	*She doesn't dance.*	*Does she dance?*
Jim reads.	*Jim doesn't read.*	*Does Jim read?*

¡Conversa!:

Where do you work?	*At the supermarket. And you?*
I don't work. I'm a student.	*Really? Where do you go to school?*
At the University.	*What do you study?*
Art and music.	

Llena los espacios en blanco con *do* o *does*:

_____ *you eat a lot of fruit?*
_____ *Ed speak Spanish?*
_____ *they have bicycles?*
What _____ *Philip want?*
Where _____ *you guys live?*
When _____ *we work?*

¡Adelante con las acciones!

Todos los días aprenderás más y más palabras de acción. Aquí tienes algunas de mis favoritas, las cuales escucharás por todas partes:

answer	[ánser]	contestar	*hit*	[jit]	pegar
arrange	[aréinch]	arreglar	*join*	[choin]	juntar
attend	[aténd]	asistir	*kiss*	[quis]	besar
avoid	[avóid]	evitar	*lend*	[lend]	prestar
begin	[biguín]	empezar	*listen*	[lísen]	escuchar
bet	[bet]	apostar	*look for*	[lúk for]	buscar
break	[breic]	quebrar	*lose*	[lus]	perder
chat	[chat]	charlar	*love*	[lav]	amar
climb	[claim]	subir	*put*	[put]	poner
cook	[cuk]	cocinar	*receive*	[recív]	recibir
cry	[crai]	llorar	*rest*	[rest]	descansar
cut	[cat]	cortar	*ride*	[raid]	montar
die	[dai]	morir	*save*	[seiv]	ahorrar o salvar
dream	[drim]	soñar	*sing*	[sing]	cantar
enjoy	[enchói]	disfrutar	*spend*	[spend]	gastar
fight	[fait]	pelear	*survive*	[serváiv]	sobrevivir
find	[faind]	encontrar	*swim*	[suím]	nadar
fix	[fix]	reparar	*take*	[teik]	tomar
fly	[flai]	volar	*touch*	[tach]	tocar
forget	[forguét]	olvidar	*try*	[trai]	tratar
give	[guiv]	dar	*use*	[ius]	usar
grow	[grou]	crecer	*weigh*	[uei]	pesar
guess	[gues]	adivinar	*wish*	[uich]	desear
hate	[jeit]	odiar	*yell*	[iel]	gritar
help	[jelp]	ayudar			

¡Atención!

Memoriza las palabras de acción que te sean más necesarias y escucha por otras que sean similares. Nota las diferencias entre los dos idiomas. Estudia el órden de las palabras en las frases y vas a mejorar.

¡APUESTO QUE SÍ PUEDES!

¡Conéctalas!:

dream	nadar
fight	encontrar
find	llorar
help	cortar
swim	besar
cut	soñar
cook	ayudar
kiss	pelear
cry	cocinar

Super-Actions!

No es posible explicar en este libro todas las formas de las *action words* en inglés. Pero, cuando empieces a tener más confianza tú, aprenderás muchas más por ti mismo. Por lo pronto, hay unas super-frases que puedes poner enfrente de las palabras de acción para expresarte mejor:

I like to...	[ai láik tu]	Me gusta			
I have to...	[ai jáv tu]	Tengo que	**...work.**	trabajar.
I need to...	[ai níd tu]	Necesito	**...eat.**	comer.
I want to...	[ai uánt tu]	Quiero	**...go.**	ir.
I should...	[ai chúd]	Debo	**...sleep.**	dormir.
I can...	[ai cán]	Puedo			

¡ESCÓGELAS Y ÚSALAS!

- *I...go.*   Yo...   (tengo que, necesito, puedo) ir.
- *They...study.*   Ellos...   (deben, quieren) estudiar.
- *I want to....*   Quiero...   (empezar, escuchar).
- *We like to....*   Nos gusta...   (montar, volar, descansar).
- *They need to....*   Necesitan...   (cocinar, ayudar, tratar).
- *Dave cannot....*   David no puede...   (pelear, sobrevivir).

What Are You Doing?
[uat ar iu dúin]
(¿Qué estás haciendo?)

Ahora que entendemos la importancia de las palabras de acción, vamos a aprender una forma sencilla para usarlas en conversaciones prácticas.

Las tres letras *ing* al final de una palabra casi siempre nos dicen que una acción está pasando en el momento presente:

> *I'm working.*   Estoy trabajando.
> *John is speaking.*   Juan está hablando.
> *They're dancing.*   Están bailando.

Lo único que necesitas para usar esta terminación es una palabra de acción. Mira los ejemplos siguientes:

eat	comer	*eating*	comiendo
play	jugar	*playing*	jugando
learn	aprender	*learning*	aprendiendo

Empecemos con *am*, *is* y *are* para hacer oraciones completas:

> *I am eating*.   Yo estoy comiendo.
> *She is playing*.   Ella está jugando.
> *We are learning*.   Nosotros estamos aprendiendo.
> *He's dancing.*   Él está bailando.
> *They are studying.*   Ellos están estudiando.

¡APUESTO QUE SÍ PUEDES!

¡Practica esta conversación con tus amigos! Cambia las palabras, si quieres:

Where's Mary?   *She is working. She's cleaning tables and washing dishes at the Italian restaurant.*

¿Dónde está María?   Ella está trabajando. Está limpiando mesas y lavando platos en el restaurante italiano.

☞ ¡Avisos!

• Tal vez has notado que al usar *-ing* hay unos cambios en **la forma escrita** de algunas palabras de acción: *dance, dancing*. Pero no te preocupes por eso; la pronunciación de las palabras de acción es lo más importante por ahora.

• Recuerda que en inglés siempre necesitas incluir las palabras personales:
> *Are **you** working at the market?*
> ***She**'s not running in the park.*
> ***They** are not speaking Spanish.*
> ***I** am making a hat.*

¡Aviso!

Cuando hablamos en español, ponemos varias palabras pequeñas al lado de las *action words*. Nota la traducción y posición de "las chiquitas":

I see it. **Lo** veo.

She's calling me. **Me** está llamando.

You're telling us. **Nos** estás diciendo.

He writes you. **Te** escribe.

We're asking them. **Les** estamos preguntando.

Mary's kissing him. Mary **lo** está besando.

Traduce y lee en voz alta:

Bill and Cecilia are kissing in the car.
My father isn't listening to the stereo.
The baby is crying, and his sister is yelling.
Those trees in the garden are growing fast.
Is the secretary using a computer in the office?
Tom is listening to us and answering our questions.

¡ESCÓGELAS Y ÚSALAS!

- *Who is…?*   ¿Quién está…   (jugando, pagando, comiendo)?
- *We're not….*   No estamos…   (yendo, manejando, limpiando).
- *I'm…now.*   Estoy…   (trabajando, aprendiendo) ahora mismo.
- *Are you…?*   ¿Estás…   (saliendo, volviendo)?
- *Anne isn't….*   Ana no está…(corriendo, visitando).
- *My friend is….*   Mi amigo está…(gritando, caminando).
- *Are the boys…?*   ¿Están los muchachos…(jugando, cantando)?
- *We aren't….*   No estamos…(gastando, asistiendo).
- *I am…my car.*   Estoy…(reparando, buscando) mi carro.

I'm Going!
[aim góin] (¡Me voy!)

Algo importante ocurre cuando cambiamos **go** (ir) a la palabra **going**; ésta tiene dos usos muy poderosos en inglés:

1 Se usa **going** para contestar la pregunta **¿A dónde vas?**

*I'm **going** to Puerto Rico.*   Voy a Puerto Rico.

2 Y se usa **going** para decir **qué vas a hacer.**

*I'm **going** to dance!*   ¡Voy a bailar!

Mira estos otros casos:

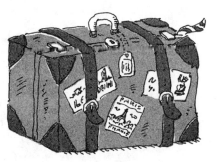

*You are **going to** my hotel.*
*He's **going to** the restaurant.*
*She's **going to** eat.*
*We're **going to** drive.*

Going to the Future [goin tu de fiúchur] (Procediendo al futuro)

En lo que antecede habrás notado que a veces *going* incluye la palabra *to.* **Going to...** es una forma que usamos para hablar del futuro: *I'm **going to** study tomorrow.* (Voy a estudiar mañana).

Pero existe otra manera más sencilla en inglés para hablar del futuro. Observa lo que puedes hacer combinando algunas palabras de acción con **will** y **won't**:

*I **will** clean.*   [ai uil clín]   Limpiaré.
*He **will** play.*   [ji uil pléi]   Jugará.
*We **will** go.*   [ui uil gó]   Iremos.
*They **won't** eat.*   [dei uont it]   No comerán.
*She **won't** sell.*   [chi uont sél]   No venderá.
*You **won't** know.*   [iu uont nóu]   No sabrás.

¡APUESTO QUE SÍ PUEDES!

Busca el significado de estas palabras. Te ayudarán en **el futuro:**

might _____

may _____

could _____

would _____

Repasa y revisa los usos de las palabras de acción:

What do you do?   ¿Qué haces?

What are you doing?   ¿Qué estás haciendo?

What are you going to do?   ¿Qué vas a hacer?

I **work** *a lot.*   Trabajo mucho.

I'm **working** *now.*   Estoy trabajando ahora mismo.

I'm **going to work** *later.*   Voy a trabajar más tarde.

¿Cuánto inglés sabes?

I'm going to Argentina.
We're not going to Texas.
Fred is going to run.
Mrs. Edwards isn't going to cook.
We will dance at the club.
We won't drive to the desert.
What are you going to do?
Where are you going?

What Were You Doing?
[uat uear iu dúin]
(¿Qué estabas haciendo?)

Aunque hay numerosas frases para hablar de lo **pasado**, por ahora tú sólo necesitas dos palabras sencillas:

was [uoas]

I ***was*** *sick.*   Yo estaba enfermo.
She ***was*** *there.*   Ella estaba allí.
He ***was*** *at home.*   Él estaba en casa.

were [uear]

You **were** right.   Estabas correcto.
They **were** good.   Estaban buenos.
We **were** lost.   Estábamos perdidos.

Estas dos palabras son muy fáciles de usar porque ya has aprendido cómo usar el ***ing*** con las palabras de acción. Lee estos ejemplos:

I was ***playing*** *tennis.*   Yo estaba jugando tenis.
Mary ***was*** *not* ***dancing***.   María no estaba bailando.
Were *they* ***kissing***?   ¿Se estaban besando ellos?
The plants ***were growing***.   Las plantas estaban creciendo.

¡APUESTO QUE SÍ PUEDES!

¿Entiendes la diferencia?

My friends are reading.	*My friends were reading.*
I am not talking.	*I was not talking.*
Bill is sleeping.	*Bill was sleeping.*
We aren't cooking.	*We weren't cooking.*
Are you watching T.V.?	*Were you watching T.V.?*

Escribe tus propias oraciones aquí:

_____

_____

_____

 **¡Aviso!**

Existen palabras que van muy bien con las palabras de acción porque expresan cómo hacemos las cosas. Todas ellas terminan con ***ly***:

briefly [brífli]
  brevemente
correctly [coréctli]
  correctamente
effectively [iféctivli]
  efectivamente
immediately [imídiatli]
  inmediatamente
rapidly [rápidli]
  rápidamente
sincerely [sincírli]
  sinceramente
usually [iúsuali]
  usualmente

Estudia estos ejemplos:
We speak ***sincerely***.
  Hablamos
  sinceramente.
John wasn't working
  rapidly. Juan no
  estaba trabajando
  rápidamente.
They're reading
  perfectly. Ellos están
  leyendo perfectamente.
Usually *it rains*.
  Usualmente llueve.

¿Estás leyendo con cuidado?

What Happened?
[uat jápend] (¿Qué pasó?)

Desafortunadamente, en inglés hay muchas maneras de contar nuestras experiencias pasadas. Estas formas las aprendemos después de estudiar y practicar mucho, o al tomar clases de gramática. Por lo tanto, para los que no saben mucho inglés, es mejor usar sólo las palabras importantes. Así se les facilitará la comunicación de sus ideas.

¡Créeme, estas palabras te serán útiles inmediatamente!:

did	[did]	hice, hiciste, hizo, hicimos, hicieron
went	[uent]	fui, fuiste, fue, fuimos, fueron
had	[jad]	tenía, tenías, tenía, teníamos, tenían
said	[sed]	dije, dijiste, dijo, dijimos, dijeron

Además las puedes usar con todo el mundo:

*I **did** the work.*   Yo hice el trabajo.
*He **went** to the park!*   ¡Él fue al parque!
*She **had** a problem.*   Ella tenía un problema.
*They **said** no!*   ¡Ellos dijeron que no!

Aquí siguen unas más:

			Yesterday I...(Ayer yo...)	
beber:	*drink*	[drinc]	***...drank***	[dranc]
comer:	*eat*	[it]	***...ate***	[eit]
comprar:	*buy*	[bai]	***...bought***	[bat]
escribir:	*write*	[rait]	***...wrote***	[rout]
hacer:	*make*	[meik]	***...made***	[meid]
leer:	*read*	[rid]	***...read***	[red]
manejar:	*drive*	[draiv]	***...drove***	[drov]
pagar:	*pay*	[pei]	***...paid***	[peid]
tomar:	*take*	[teik]	***...took***	[tuk]
vender:	*sell*	[sel]	***...sold***	[sold]
ver:	*see*	[si]	***...saw***	[sa]

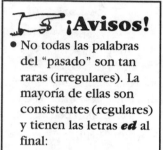

¡Avisos!

- No todas las palabras del "pasado" son tan raras (irregulares). La mayoría de ellas son consistentes (regulares) y tienen las letras **ed** al final:
  *I work**ed**.* [uerkt] trabajé
  *They play**ed**.* [pleid] jugaron
  *He plant**ed**.* [plánted] plantó

- Existen muchas palabras claves en "tiempo pasado". Deberás buscar en cualquier otro libro de estudio por otras adicionales a las que anotamos en este libro.

- ¿Recuerdas las palabras *do* y *does*? Usa **did** en la misma manera para hablar del **pasado**:
  Do you smoke?
  ¿Fumas?
  Did *you smoke?*
  ¿Fumaste?
  Does she sing?
  ¿Canta ella?
  Did *she sing?*
  ¿Cantó ella?

¡APUESTO QUE SÍ PUEDES!

¡Practica!:

I eat salads.   I ate salads.

We sell vegetables. We _____*vegetables.*

Linda goes to church. Linda _____.

He drives a bus. _____.

They drink wine. _____.

Bob has fantastic parties! _____!

Traduce, por favor:

What happened at 12:00?
Pete and I did the work in the garden.
They had a fantastic party at the hotel.
Everybody went to the movies.
Mr. and Mrs. Thomas immediately bought the car.
The children played in the park on Saturday.
We wrote a lot in our English class.
My brother ate the sandwich and drank the milk.
Did you drive your car yesterday?
I usually didn't go to church at nine o'clock.

¡ESCÓGELAS Y ÚSALAS!

- *I…it.*   Yo lo…(tenía, dije, hice).
- *She's writing….*   Ella está escribiendo…(perfectamente, correctamente).
- *…cooking.*   (Estábamos, Estabas)…cocinando.
- *They….*   Ellos…(limpiarán, trabajarán, bailarán).
- *…San Francisco.*   (Vamos a, Voy a)…San Francisco.
- *…play tennis.*   (Van a, Vas a)…jugar tenis.
- *Does…?*   ¿(Trabaja él, Fuma ella)?
- *Do…?*   ¿(Bailas tú, Manejan ellos)?
- *…to the supermarket.*   (Fuimos, Fui)…al mercado.
- *He….*   Él (cantó, comió, pagó).
- *Did…?*   ¿(Trabajaste, Jugaste)?

¡Avisos!

- Ahora puedes empezar a comparar todo:
  *She played **well**.*
    Jugó bien.
  *She played **better**.*
    Jugó mejor.
  *She played **the best**.*
    Jugó lo mejor.

  *They're **bad**.*
    Son malos.
  *They're **worse**.*
    Son peores.
  *They're **the worst**.*
    Son los peores.

  (Recuerda que aprenderás más formas de comparación cuando hables más inglés.)

- A través del uso vas a hallar similitudes en las estructuras gramaticales del inglés (por ejemplo, la terminación ***ing***). Apúntalas en un cuaderno y memorízalas.

- Lee mucho en inglés, pues es el mejor método para aprender la gramática. Empieza con las palabras sencillas. Al principio, lee libros para niños. Y no tengas vergüenza. **¡Eres un bebito en el mundo del inglés!**

¡VAMOS A REPASAR!

Di una frase usando cada una de las palabras siguientes:

am *I **am** a good student.* _____

is _____

are _____

not _____

don't _____

have _____

has _____

work _____

works _____

do _____

does _____

doesn't _____

working _____

going _____

will _____

was _____

were _____

did _____

went _____

had _____

me *He is talking to **me**.* _____

him _____

them _____

us _____

8

CAPÍTULO *EIGHT* [eit]
Details
[díteils]
(Los detalles)

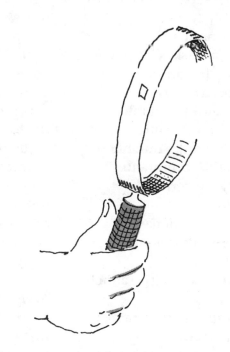

¡Dime *When*!

Ahora que estamos familiarizados con las palabras de acción, y con el vocabulario básico que hemos adquirido, llegó el momento de presentarte las palabras y frases más conocidas relativas al tiempo:

after [áfter] después
again [aguén] otra vez
already [alrédi] ya
always [álueys] siempre
a moment [a móment]
   un momento
at dawn [at dán]
   a la madrugada
at dusk [at dásk] al anochecer
at sunset [at sánset]
   a la puesta del sol
awhile [auáil] un rato
before [bifór] antes
during [dúrin] durante
early [érli] temprano
every day [éveri dei]
   todos los días
just [chast] apenas
last month [last móndt]
   el mes pasado
last night [last náit] anoche
late [leit] tarde
lots of times [láts av taims]
   muchas veces
many years ago [méni llirs
   agó] hace muchos años

never [néver] nunca
next week [next uík]
   la próxima semana
now [nau] ahora
once [uans] una vez
right now [rait náu] ahorita
sometimes [sámtaims]
   a veces
soon [sun] pronto
the day after tomorrow
   [de dei after tumárou]
   pasado mañana
the day before yesterday
   [de dei bifor iésterdei]
   anteayer
then [den] entonces
today [tudéi] hoy día
tomorrow [tumárou] mañana
tomorrow morning
   [tumárou mórnin]
   mañana por la mañana
tonight [tunáit] esta noche
twice [tuáis] dos veces
until [antíl] hasta
yesterday [iésterdei] ayer
yet [iet] todavía

¡ESCÓGELAS Y ÚSALAS!

- *I work*…. Trabajo…(hoy día, siempre).
- *I'm working*…. Estoy trabajando…(ahorita, tarde).
- *I was working*…. Estaba trabajando…(ayer, el mes pasado).
- *I won't work*…. No trabajaré…(después, pasado mañana).
- *I'm going to work*…. Voy a trabajar…(mañana, el próximo año).

¡APUESTO QUE SÍ PUEDES!

Lee en voz alta·

I'm eating now and I will run later.
We always read, but we never write.
They sometimes work from dawn to dusk.
She danced many years ago, and she's going to dance next week.

¡Conversa!:

When is English class?	*Tonight at six.*
Are you going to study today?	*Yes. I'm going to practice with my American friend after work.*
Where are you going now?	*To lunch.*

¿Qué paso?:

I saw Tony last night. We danced awhile, ate some food, and talked until the restaurant closed. Then we drove to the beach. It was very late.

Then what happened…?

¡Dime *Where*!

Con las palabras que siguen, tú puedes contestar muchas preguntas relativas a *Where?* (¿Dónde?). Puedes usarlas solas, pero suenan mucho mejor cuando se encuentran dentro de una oración. ¡Sin estas localizaciones, estarás perdido!:

above [abáv] encima
against [aguénst] contra
along [aláng] a lo largo de
around [aráund] alrededor de
at the bottom [at de bátam] al fondo de
behind [bijáind] detrás de
between [bituín] entre
down [daun] abajo
far [far] lejos
from [fram] desde
in front of [in frónt av] en frente de
inside [insáid] adentro
near [nier] cerca
on top of [an táp av] encima de
outside [áutsaid] afuera
over [óver] sobre
towards [tours] hacia
under; below [ánder; bilóu] debajo de
up [ap] arriba

¡ESCÓGELAS Y ÚSALAS!

- *I'm going to put it….*   Voy a ponerlo…(adentro, arriba).
- *The office is….*   La oficina está…(detrás, cerca).
- *The mouse is running….*   El ratón está corriendo…(hacia, afuera).

¡APUESTO QUE SÍ PUEDES!

¿Qué significan estas palabras?

Go outside and look under that tree.
Your dog is running around my yard along the fence!
I go to the gas station near the school. It's between the hospital and the supermarket.

La Conexión #2

¡**Se** terminó el juego! Ya llegó el momento de que los principiantes se **hagan** a un lado. ¡Lo que viene es sólo para los "expertos"!

Ahora que ya conoces las palabras más importantes en inglés, vamos a combinarlas usando las técnicas que ya hemos visto.   La clave es continuar formando grupos de palabras de la misma manera que lo hacemos en español pero sin miedo de cometer errores.

Aquí tienes una fórmula muy sencilla:

Person + *Action* + *Place* + *Time* = *A lot of English!*
la persona   la acción   el lugar   el tiempo

Lee cada palabra en voz alta:

Robert	*is working*	*at the store*	*right now.*
Roberto	está trabajando	en la tienda	ahorita.

Para dar una descripción en detalle, hazlo de una forma más elaborada. Ejemplos:

— *My friend Bob is working at the new store today with Mary.*
— Mi amigo Roberto está trabajando en la nueva tienda hoy con María.
— *My American friends, Bob and Ed, aren't working a lot at the new store now, because they have classes every day.*
— Mis amigos americanos, Roberto y Eduardo, no están trabajando mucho en la nueva tienda ahora, porque tienen clases todos los días.

¡Experimenta con mezclar el orden de las frases!

— *I have a broken arm, and I can't play at the park with the other girls on Saturday.*
— Tengo el brazo quebrado, y el sábado no puedo jugar en el parque con las otras muchachas.

¡O trata de formar una pregunta!

— *Is your sister going to the store, and is she going to buy food for dinner and candy for the kids?*
— ¿Va tu hermana a la tienda, y va a comprar ella la comida para la cena y dulces para los niños?

¡No hay nada de lo que no puedas hablar!

— *A fat elephant was bathing in the river yesterday, and was eating the plants under the water.*
— Un elefante gordo estaba bañándose en el río ayer, y estaba comiendo las plantas que estaban debajo del agua.

Cuando tú seas *excellent* combinando palabras en inglés, podrás sin ningún esfuerzo aplicar la Regla de Muchos, la Regla del Reverso, y la Regla de Combinar. Recuerda, cuanto más trates…¡mejor te saldrá!

Aplica la Regla de Combinar a los mandatos. Repasa los que ya hemos aprendido y añade algunas palabras extras:

> *Go!*   ¡Vete!
> *Go with Mary!*   ¡Vete con María!
> *Go with Mary and work in the office!*   ¡Vete con María y trabaja en la oficina!

¡Sugerencias!

- Un cambio en el orden de las palabras no afecta mayormente el significado del mensaje.

- Cuando necesites detenerte un momento para poner tus pensamientos en orden, usa la frase, ***Wait a minute!*** [ueit a mínat] (un minuto).

R.M.V.P.
(Repetir, Murmurar, Visualizar y Pausar)

Mientras tu cadena de palabras en inglés va creciendo, vas a necesitar unas técnicas que te ayudarán a superar esos pequeños obstáculos que te pueden hacer más difícil la comunicación. En vez de abandonar una buena conversación, trata el método **R.M.V.P.**—*Repeat* (repetir), *Mumble* (murmurar), *Visualize* (visualizar) y *Pause* (pausar). Este sistema es excelente para mantener una línea de comunicación, así que apréndelo ahora mismo.

Repeat! [ripit] (¡Repetir!)

Repetir lo que escuchas es una de las mejores maneras de adquirir un idioma mientras conversas.   Escuchar y decir las palabras nuevas más de una vez (en vez de no hacer nada), hará que comprendas y hables mucho más rápido,

> *Understand?*   *Yes, I **understand**!*

Mumble! [mámbol] (¡Murmurar!)

Así de ridículo como parece, mientras estés aprendiendo el inglés, una manera segura de mantener tu parte en una conversación es murmurar o balbucear aquellas palabras, o parte de ellas, de las cuales tú no estás seguro.   Es preferible combinar el inglés con Spanglish y hasta con tus propias "creaciones" de palabras que darse por vencido a mitad de una conversación.

Visualize! [vischualais] (¡Visualizar!)

Al escuchar o al hablar, trata de visualizar la palabra desconocida en su forma escrita.   Ya que en inglés las palabras no se pronuncian de la misma manera como se escriben, te será más fácil imaginarte la palabra como se escribiría en español.

¡Inténtalo y verás!:

book	[buk]	_____	_____
table	[téibol]	_____	_____
chair	[cher]	_____	_____

Además, muchas palabras son casi iguales en los dos idiomas:

person persona   *important* importante   *tennis* tenis

¿Sigues usando la otra técnica de visualización? No dejes de asociar las nuevas palabras con figuras también. Aquí tienes algunas de mis favoritas:

>*library* (biblioteca)   se ve como **libro**
>*car* (coche)   se ve como **carro**
>*mirror* (espejo)   se ve como **mirar**

Pause! [poas] (¡Pausar!)

En aquellos momentos de silencio forzado cuando tú estás desesperado tratando de recordar palabras y formas de responder… Con tono y gesto de distracción susurra estas palabras que te darán tiempo para pensar:

>*Well…*   [uel] pues…
>*O.K.…*   [oquéi] bueno…
>*Uh…*   [aa] este…
>*Let's see…*   [lets sí] a ver…
>*What I mean is…*   [uat ai mín is] o sea…

El hablar a pausas en inglés es igual que en español. Pon dos o tres de ellas juntas:

>*Well…O.K.…Let's see…!*   ¡Pues…bueno…a ver!

9

CAPÍTULO *NINE*
[nain]

Beyond the Basics
[billónd de béisics]
(Después de lo básico)

Do You Want to Play?
[du iu uántu plei]
(¿Quieres jugar?)

A los norteamericanos, igual que a los latinos, les gustan los *sports* [esports] (deportes) y la diversión. Para los americanos, el beísbol es el deporte más popular, así como para los latinos es el fútbol. También, a mucha gente le encanta el fútbol americano y el básquetbol. Hay docenas de deportes diferentes en el mundo, y siempre algún norteamericano que esté mirando o hablando de uno de estos. Muchos de los juegos de pelota son transmitidos por la televisión y la radio en inglés. Por lo tanto, en caso que quieras escuchar para practicar y mejorar tu entendimiento, lo siguiente te será útil:

¡Muchas palabras suenan como el español!

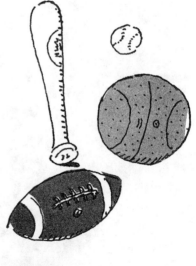

baseball	[béisbal]	béisbol
basketball	[básquetbal]	baloncesto
bowling	[bóulin]	boliche
boxing	[bácsin]	boxeo
football	[fútbal]	fútbol americano
soccer	[sáquer]	fútbol
tennis	[ténis]	tenis
volleyball	[válibal]	vóleibol

Date cuenta que los latinoamericanos han adoptado muchas palabras "deportivas" del inglés, y sin variar mucho su pronunciación:

golf   *surfing*   *hockey*

Y aquí tienes unos deportes que son palabras de acción:

biking	[báiquin]	montar bicicleta
fishing	[fíchin]	pescar
flying	[flái-in]	volar
hiking	[jáiquin]	caminar
horseback riding	[jórsbac ráidin]	montar a caballo

running [ránin]   correr
sailing [séilin]   navegar
skating [squéitin]   patinar
skiing [squí-in]   esquiar

¡ESCÓGELAS Y ÚSALAS!

- *Do you like…?*   ¿Te gusta…(el béisbol, el boliche)?
- *I don't understand….*   No entiendo…(el baloncesto, el hockey).
- *…is good exercise.*   (Correr, El tenis)…es buen ejercicio.

¡Aprende estas frases campeonas!:

> *Do you play?*   ¿Sabes jugar?
> *Who won?*   ¿Quién ganó?
> *Who lost?*   ¿Quién perdió?
> *What's the score?*   ¿Cuál es el puntaje?

¡Vas a ganar con estos vacablos!:

athlete [ádtlit]   atleta
ball [bal]   pelota o bola
coach [couch]   entrenador
court [cort]   cancha
equipment [icuípment]   equipo
field [fild]   campo
game [gueim]   juego
gymnasium [chimnéisiam]   gimnasio
match [match]   partido
net [net]   red
players [pléiers]   jugadores
practice [práctis]   práctica
racket [ráquet]   raqueta
stadium [stéidiam]   estadio
team [tim]   equipo
uniform [iúniform]   uniforme

¡APUESTO QUE SÍ PUEDES!

Contesta las siguientes preguntas:

Do you like fishing, biking or skiing?
Which sport is your favorite?

 **¡Avisos!**

- Trata de aprender más de estas frases y palabras con tus compañeros de deportes.
- Estudia la historia, los personajes y las reglas de los deportes más populares en la ciudad donde vives. Aprende los nombres de los equipos profesionales en tu región. ¡La mayoría de los americanos ponen mucho énfasis en el deporte!

Did you go to a baseball game last year?
Is there a net in tennis?
How many players are on a basketball team?
What sport do you watch on television?

¡Conéctalas!:

stadium	pelota
net	entrenador
ball	estadio
team	juego
game	red
coach	equipo

My Favorite Hobby
[mai féivoret jábi]
(Mi pasatiempo favorito)

Los *hobbies* [jábis] (pasatiempos) en los Estados Unidos son muy variados igual que en Latinoamérica, y cambian según sea el gusto de cada persona. Así que, ¿cuáles de estas palabras en inglés podrían ayudarte en tu tiempo libre?:

cards   [cards]   naipes o cartas
checkers   [chéquers]   juego de damas
chess   [ches]   ajedrez
coins   [coins]   monedas
drawing   [dráin]   dibujo
monopoly   [monápoli]   monopolio
music   [miúsic]   música
photography   [fotágrafi]   fotografía
poker   [póquer]   póker
puzzles   [pásels]   rompecabezas
reading   [rídin]   lectura
stamps   [stamps]   sellos

Play with Toys!
[plei uid tóis]
(¡Juega con los juguetes!)

Además de los *games* [guéims] (juegos), todos crecemos jugando con juguetes. Los niños de todas las edades querrán saber los nombres en inglés de los artículos más comunes para el juego:

balloon [balún] globo
blocks [blacs] cubos
cartoons [cartúns]
  caricaturas
clay [clei] barro
crayons [créllans] lápices
  de colores
doll [dal] muñeca
fireworks [faíeruerks]
  fuegos artificiales
jokes [chocs] chistes
kite [kait] cometa
magic [máchic] magia
marbles [márbels] canicas
skates [squeits] patines
top [tap] trompo
toy box [toi bacs] caja de juguetes
toy soldier [toi sólcher]
  soldado de juguete
toy train [toi trein]
  tren de juguete
tricks [trics] trucos

La palabra ***play*** [plei] también significa "obra de teatro." Si te gusta el drama, tal vez puedas usar las siguientes palabras:

frown [fraun] ceño
smile [smail] sonrisa
funny [fáni] chistoso
comedy [cámedi] comedia
tragedy [tráchedi] tragedia
fun [fan] diversión
tears [tirs] lágrimas
laughter [láfter] risa
players [pléiers] personajes

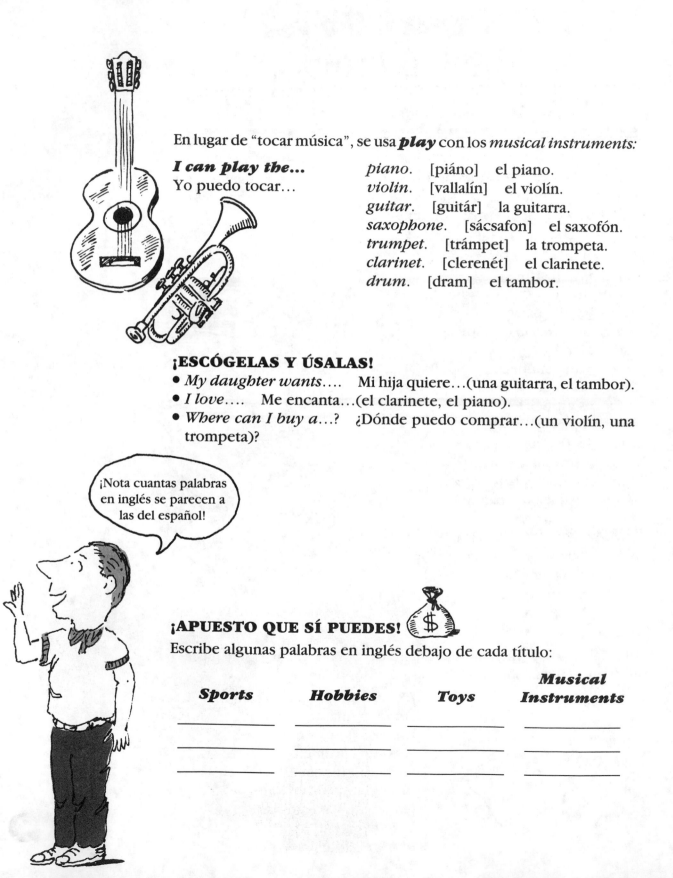

En lugar de "tocar música", se usa **play** con los *musical instruments:*

I can play the...
Yo puedo tocar…

piano.	[piáno]	el piano.
violin.	[vallalín]	el violín.
guitar.	[guitár]	la guitarra.
saxophone.	[sácsafon]	el saxofón.
trumpet.	[trámpet]	la trompeta.
clarinet.	[clerenét]	el clarinete.
drum.	[dram]	el tambor.

¡ESCÓGELAS Y ÚSALAS!

- *My daughter wants*….   Mi hija quiere…(una guitarra, el tambor).
- *I love*….   Me encanta…(el clarinete, el piano).
- *Where can I buy a*…?   ¿Dónde puedo comprar…(un violín, una trompeta)?

¡Nota cuantas palabras en inglés se parecen a las del español!

¡APUESTO QUE SÍ PUEDES!

Escribe algunas palabras en inglés debajo de cada título:

Sports	Hobbies	Toys	Musical Instruments
_____	_____	_____	_____
_____	_____	_____	_____
_____	_____	_____	_____

This Is LOVE!
[lav] (amor)

Este libro estaría incompleto si no les mencionara las "expresiones de amor" más importantes en inglés. El romance está solamente a unas cuantas palabras de distancia:

I'm...   *married.*   [mérid]   casado.
Soy...   *single.*   [síngal]   soltero.
            divorced.   [divórst]   divorciado.
            widowed.   [uídoud]   viudo.

Frases potentes

I'm in love.   [aim in láv]   Estoy enamorado.
I love you.   [ai láv iu]   Te amo.
I miss you.   [ai mís iu]   Te extraño.
It's a promise.   [ets a prámis]   Es una promesa.
Did you enjoy it?   [did iu enchói et]   ¿Te gustó?
I had a nice time.   [ai jad a nais táim]   Me divertí mucho.
Can I see you later?   [can ai si iu léiter]   ¿Puedo verte más tarde?
Will you marry me?   [uil iu méri mi]   ¿Quieres casarte conmigo?

Would you like to...   *dance?*   bailar?
¿Quisieras...   *take a walk?*   dar un paseo?
                      go out with me?   salir conmigo?

What's He Like?

cute [quiút]   atractivo
faithful [féidtful]   fiel
handsome [jándsam]   guapo
honest [ánest]   honesto
jealous [chélas]   celoso
mean [min]   cruel
responsible [rispánsabel]   responsable
romantic [romántic]   romántico
rude [rud]   descortés
studious [stúdias]   aplicado
well-mannered [uel-mánerd]   bien educado

What's She Like?

beautiful [biútiful]   bella
friendly [fréndli]   amistosa
lovely [lávli]   hermosa
nice [nais]   simpática
passionate [pásionet]
   apasionada

pleasant [plésant]   agradable
pretty [príti]   bonita
shy [chai]   tímida
sincere [sincír]   sincera
very pretty [veri príti]   linda

What Can I Say?
[uat can ai séi] (¿Qué puedo decir?)

ladies and gentlemen   [léidis en lléntelmen]
          (damas y caballeros)

baby [béibi]   bebé
darling [dárlin]   querido
love of my life [lav av mai láif]   mi vida
lover [láver]   amante
my love [mai láv]   mi amor
sweetheart [suítjart]   mi corazón

"mi dulce"
• *honey* [jáni]
• *sugar* [chúgar]
• *sweetie* [suíti]

Más palabras útiles

- *Hugs* [jags] abrazos **OOO**
- *Kisses* [quíses] besos **XXX**

anniversary [anivérseri] aniversario
concert [cánsert] concierto
couple [cápol] pareja
date [deit] cita
engaged [enguéicht] comprometido
movie [múvi] película
party [pári] fiesta
wedding [uédin] boda

¡Avisos!

- En inglés tanto enamorados como amigos usan la palabra *you* para decir **"tú"**, **"usted"** o **"ustedes"**.
- ¡Escucha para aprender más expresiones que puedas usar! También observa con cuidado las diferentes costumbres que hay en Norteamérica. Conversa con tus amigos sobre ellas.

¡ESCÓGELAS Y ÚSALAS!

- *He is so….* Él es tan…(celoso, romántico).
- *Yes, but she's very….* Sí, pero ella es muy…(cruel, tímida).
- *…, I love you.* (Mi amor, Mi dulce), te quiero.
- *We met at….* Nos conocimos en…(un concierto, la fiesta).

¡APUESTO QUE SÍ PUEDES!

Practica la siguiente conversación con un amigo.

I'm in love!	*What happened?*
His name is George. He's very handsome and well-mannered, and very romantic!	*Who is he?*
He's my brother's friend.	*No!*

Lee la siguiente carta con mucha pasión.

My darling Susan,

I miss you very much. Thank you for last night. I had a nice time at the concert. You are beautiful and very nice. Would you like to go out with me on Saturday? Please call me tonight.

Hugs and kisses,
Rafael

¡Bienvenidos a los Estados Unidos!

El lenguaje y la cultura son inseparables. Es importante entonces que estudiemos con mucho cuidado a la gente que habla el idioma inglés. ¿Quiénes son?…¿De dónde vienen?…¿Qué aprecian y cuáles son sus costumbres? Para entender la cultura norteamericana, lee sobre la historia de los Estados Unidos. Aprende quiénes son los héroes de los americanos y memoriza las fechas de sus fiestas importantes. Prueba sus comidas típicas. Escucha su música y mira su televisión. Si mantienes una mente abierta y una actitud positiva, podrás conocer mejor a nuestros amigos de Norteamérica.

No es posible presentar toda la información que quisieramos en este libro de inglés. Sin embargo, sí incluímos varios groups de vocabulario que introducen algunos aspectos interesantes de la cultura norteamericana.

Tómate el tiempo que quieras con las palabras en esta sección y recuerda que siempre encontrarás un norteamericano dispuesto a ayudarle si tienes algún problema. **¡Buena suerte!**

Cars!   (Los carros)

air [er]   aire
battery [báteri]   batería
brakes [breiks]   frenos
bumper [bámper]   parachoques
clutch [clatch]   embrague
engine [énchen]   motor
lights [laits]   luces
oil [oil]   aceite
park [parc]   estacionarse
seats [sits]   asientos
speed [spid]   velocidad
tires [tairs]   llantas
wipers [uáipers]   limpiaparabrisas

gas [gas] gasolina
• *leaded* [léded]   con plomo
• *unleaded* [anléded]   sin plomo

Everyday Things [everidéi zins]
(Cosas para todos los días)

soap [soup] jabón
shampoo [champú] champú
conditioner [condíchoner] enjuague
deodorant [diódorent] desodorante
cigarettes [cigaréts] cigarrillos
matches [mátches] fósforos
thread [tred] hilo
needle [nídel] aguja
pin [pin] alfiler
medicine [medicin] medicina
razor blades [réisor bleids] navajas
toilet paper [tóilet péiper] papel
    higiénico
newspaper [neúspeiper] periódico
magazine [mágasin] revista
roll of film [rol av film] rollo de
    película
letter [léter] carta
stamp [stamp] sello
envelope [énvelop] sobre
postcard [póscard] tarjeta postal

¡APUESTO QUE SÍ PUEDES!

¡Conéctalas!:

magazine	llanta
thread	sobre
soap	hilo
tire	periódico
match	aceite
oil	revista
envelope	fósforo
newspaper	jabón

$ *Money* [máni] (El dinero)

¡Hablemos del dinero! Sería una buena idea que practiques este grupo de palabras tan útiles.

Primeramente, recuerda que hay **100 *cents*** [cens] (centavos) en cada dólar americano. **$** es el signo para ***dollars*** [dálers] y **¢** es el signo para ***cents*** [cents].

Value [Váliu] (el valor)	*Coins* [coins] (Las monedas)
$ .01	*penny* [péni]
$ .05	*nickle* [níquel]
$ .10	*dime* [daim]
$ .25	*quarter* [cuárter]
$ .50	*half-dollar* [jaf dáler] o
	fifty-cent piece (fífti-cént pis)

Bills (Los billetes)	
$ 1.00	*one dollar*
$ 5.00	*five dollars*
$ 10.00	*ten dollars*
$ 20.00	*twenty dollars*
$ 50.00	*fifty dollars*
$100.00	*one hundred dollars*

¡APUESTO QUE SÍ PUEDES!

¿Entiendes?

The car:

My car is in the garage. I have problems with the clutch and the engine, and the tires need air. The brakes are O.K., but the battery is old and dirty.

Everyday things:

Put the shampoo and deodorant in the bathroom.
Put the newspaper and magazines in the living room.
Put the matches and soap in the kitchen.
Put the postcards, stamps and envelopes in my room.

Money:

I need change, please. I'd like three nickels and a dime for this quarter. And I'd like two fives and a ten for this twenty.

* *Add seven and seven. Then subtract ten. How much is that?*
* $ .25 + $ .25 + $ .50 = $1.00

Measure It! [méllur et] (¡Mídelo!)

Generalmente, no se usa el sistema métrico en los Estados Unidos. Así que tendrás que aprender la manera más común de dicho país para medir las cosas. Habla con tus amigos de los significados de las siguientes palabras y practícalas cuando salgas de compras. También nota las abreviaturas de las medidas:

¡Avisos!

* ¡Fíjate cómo tú puedes traducir algunas de las palabras de medidas! Otras te pueden resultar más difíciles: *mile* (milla); *foot* (pie); *inch* (pulgada); *pound* (libra)
* ¡Aprende la diferencia entre los dos sistemas! Por ejemplo:
    1 kilómetro – 5/8 *mi.*
    1 kilogramo = 2.2 *lbs.*

gallon [gálon] *gal.*
quart [cuart] *qt.*
pint [paint] *pt.*

pound [paund] *lb.*
ounce [áuns] *oz.*
miles [máils] *mi.*
yards [iards] *yd.*
feet [fit] *ft.*
inches [ínches] *in.*

Otras abreviaturas útiles

En inglés, encontrarás numerosas *abbreviations* [abriviéchons], es decir, las formas cortas para escribir ciertas palabras. He aquí varios ejemplos de las más comunes:

apt.	*apartment*	apartamento
etc.	*et cetera*	etcétera
ht.	*height*	estatura
wt.	*weight*	peso
D.O.B.	*date of birth*	fecha de nacimiento
S.S.#	*social security number*	número de seguro social
M/F	*male or female*	masculino o femenino
St.	*street*	calle
Ave.	*avenue*	avenida
yr.	*year*	año
mo.	*month*	mes

¡Atención!
En inglés el signo & no se usa para significar "etcétera".

¡Avisos!
- ¡Aprende la forma abreviada de tu estado!
- ¡Presta atención a estos otros ejemplos!

Jan.	(January)
Sun.	(Sunday)
Apr.	(April)
Fri.	(Friday)
Aug.	(August)
Wed.	(Wednesday)

Los significados de algunos de los signos que usamos para abreviar cambian un poco en inglés:

#	*pounds; number*	libras; número
&	*and*	y
%	*percent*	por ciento

¡APUESTO QUE SÍ PUEDES!

Busca las respuestas para estas preguntas:

How many quarts are in a gallon?
How many ounces are in a pound?
How many feet are in a mile?

Escribe la palabra completa al lado de la forma abreviada:

bt.	_____	**Dr.**	_____
U.S.A.	_____	**Ave.**	_____
Fri.	_____	**Apt.**	_____
&	_____	**St.**	_____
Aug.	_____	**Sun.**	_____

Survival Signs   [serváival sains]
(Letreros para sobrevivir)

Para evitar problemas, presta atención a los letreros:

CAUTION cuidado	*NO U TURN* no dar vuelta en forma de "U"
CLOSED cerrado	
DETOUR desviación	*ONE WAY* circulación
DO NOT ENTER no entre	*OPEN* abierto
DON'T WALK no camine	*OUT OF ORDER* descompuesto
ENTRANCE entrada	*PARKING* estacionamiento
EXIT salida	*PULL* jale
FOR RENT se alquila	*PUSH* empuje
FOR SALE se vende	*RESTROOMS* servicio de baños
KEEP OUT prohibido el paso	*R-R XING* cruce de trenes
NO LEFT TURN no dar vuelta a la izquierda	*SLIPPERY* resbaloso
NO PASSING no rebasar	*SLOW* despacio
	STOP alto
NO SMOKING no fumar	*YIELD* ceda el paso

The United States of America

¿Qué sabes tú acerca de los *United States?* Quizás has estudiado o te han dicho un poco sobre su historia o sus costumbres. Sin duda, ya entiendes la importancia de aprender tanto su idioma como algo de su cultura. Aunque el pueblo norteamericano es una mezcla de gente de distintos países, generalmente todo ciudadano entiende el significado de las siguientes palabras. Trata de aprenderlas con la ayuda de algún americano; anota brevemente la explicación que recibas:

Abraham Lincoln _____

Congress _____

Fifty States _____

George Washington _____

Martin Luther King, Jr. _____

Thanksgiving _____

The American Flag _____

The Bill of Rights _____

The Civil War _____

The Constitution _____

The Declaration of Independence _____

The Fourth of July _____

The National Anthem _____

The Pilgrims _____

The Pledge of Allegiance _____

The President _____

The Revolutionary War _____

The Statue of Liberty _____

Washington D.C. _____

¡Un consejo práctico!

Para entender mejor a la gente norteamericana, ve a lugares donde enseñan las danzas y la música tradicional de ellos. Lee libros para niños que traten de sus cuentos folklóricos. Participa en sus celebraciones. Aprende los nombres de los lugares más famosos de los Estados Unidos.

¡Atención!

Es necesario poder leer y escribir un poco de inglés para vivir en los Estados Unidos. Nunca faltan formularios por llenar y papeles por traducir. Si no las practicas, estas tareas se te dificultarán. ¿Por qué no las intentas ahora mismo?

Aquí tienes otras sugerencias prácticas:

* Memoriza los horarios de autobús, de tren o de avión.
* Estudia un mapa de la ciudad donde vives.
* Lee la información escrita que recibes de las compañías de servicio y teléfono.
* Obtén formularios y practica cómo llenarlos.
* Habla con un policía, bombero, doctor, o dentista para averiguar cómo proceder en caso de emergencia. Muchos de ellos proveen folletos escritos en español.
* Pregunta a alguien cómo se pagan los impuestos sobre ingresos al gobierno norteamericano.
* Visita una escuela pública, un colegio o una universidad para aprender más sobre el sistema escolar de los Estados Unidos.

My Name Is...

A muchos inmigrantes les gusta traducir sus nombres al inglés, o por lo menos quieren saber cómo se dicen. He aquí una lista corta e informal que puedes usar. Pregúntale a un americano cómo se pronuncian:

Male (masculino)

Alfredo   *Al*
Carlos   *Charlie*
Eduardo   *Ed*
Esteban   *Steve*
Francisco   *Frank*
Guillermo   *Bill*
Jaime   *Jim*
Jorge   *George*
José   *Joe*
Juan   *John*
Marcos   *Mark*
Miguel   *Mike*
Pedro   *Pete*
Ricardo   *Rick*
Roberto   *Bob*
Tomás   *Tom*

Female (femenino)

Alicia   *Alice*
Ana   *Ann*
Anita   *Nancy*
Bárbara   *Barb*
Carolina   *Carol*
Catalina   *Kathy*
Débora   *Debbie*
Elena   *Helen*
Isabel   *Liz*
Juana   *Jane*
Lina   *Lynn*
Margarita   *Marge*
María   *Mary*
Marta   *Martha*
Sara   *Sally*
Susana   *Sue*

No te olvides que algunos nombres se escriben igual en inglés y en español, aunque la pronunciación es diferente:

David   [déivid]
Samuel   [sámiul]
Daniel   [dániel]

Gloria   [glória]
Linda   [linda]
Virginia   [verchínia]

10

CAPÍTULO *TEN* [ten]
The Last Words
[de last uerds]
(Las últimas palabras)

Let's Talk About Language (Hablemos acerca del lenguaje)

Llegará el momento en tu aprendizaje cuando te verás forzado a usar aquellas palabras que se encuentran en un libro de texto. Los vocablos siguientes serán muy valiosos cuando decidas tomar una clase de inglés:

adverb [ádverb] abverbio

capital letter [cápital léter] mayúscula

chapter [chápter] capítulo

conjugation [canlluguéchon] conjugación

dialog [dáialog] diálogo

example [ecsámpol] ejemplo

exercise [écsersais] ejercicio

grammar [grámer] gramática

homework [jómuerk] tarea

language [léinguach] lenguaje

lesson [léson] lección

lowercase letter [lóuerqueis léter] minúscula

meaning [mínin] significado

method [mézod] método

noun [naun] sustantivo

page [peich] página

practice [práctis] práctica

pronoun [prónaun] pronombre

pronunciation [pronanciéchon] pronunciación

question [cuéschon] pregunta

reading [rídin] lectura

review [reviú] repaso

sentence [séntens] oración

sounds [sáunds] sonidos

speech [spich] hablar

structure [strákchur] estructura

study [stádi] estudio

subject [sábllect] sujeto

symbol [símbol] símbolo

test [test] examen

verb [verb] verbo

vocabulary [vocábiuleri] vocabulario

voice [vois] voz

word [uerd] palabra

writing [ráitin] escritura

Repite:

- *I need more practice and review!* ¡Necesito más práctica y repaso!
- *I don't like tests and homework!* ¡No me gustan los exámenes y las tareas!
- *I understand the meaning of the vocabulary!* ¡Comprendo el significado del vocabulario!

Practice, Practice, Practice... (¡La práctica!)

Anteriormente, la práctica para aprender un idioma extranjero requería el uso de ejercicios gramaticales, memorización de diálogos y horas de instrucción audiovisual en un laboratorio de idiomas. Afortunadamente para ti, en la actualidad, las técnicas de aprendizaje han mejorado.

Aprendiendo: *Vocabulary*

- **¡Usa los mandatos!** Combínalos con los nombres de las cosas que quieras aprender. Usa objetos reales o figuras. Haz que un amigo te de órdenes para tocar o mover cualquiera de las cosas que estás interesado en aprender.

- **Entrevista** a personas que hablan inglés. Haz una lista de objetos relacionados con los deportes o las comidas, y pregunta a diferentes personas qué es lo que les gusta o disgusta. Usa una pregunta como *Do you like*...?, y revisa las respuestas.

- **Colecciona** libros infantiles en inglés, libros de colorear y juguetes. Ya que tú eres como un niño en este nuevo idioma, es muy importante que tengas mucho contacto visual con las nuevas palabras. Cuando leas, señala cada figura y dila en inglés. ¡Esta actividad es muy divertida para hacerla en compañía de un niño!

- **Graba un *tape*** (cinta). Pídele a una persona que hable inglés como idioma nativo que lea en voz alta una lista de palabras que tú necesites saber y grábala. Hazlo con diferentes personas para que puedas escuchar las diferentes pronunciaciones y dialectos. Al principio, sólo preocúpate por el vocabulario que vas a usar todos los días. Ofrece grabar una cinta en español a esas personas que te ayuden.

- **Dibuja** figuras de objetos de diferentes categorías, y luego ponles nombre. Para aquél que no pueda dibujar, corta figuras de revistas en vez de hacer los dibujos.

apple   *banana*   *coconut*   *melon*

¡Aviso!

Si tú tienes el tiempo de hacerlo, corta las palabras de vocabulario en las páginas de tu libro y haz un juego de BINGO o de CONCENTRACIÓN. (¡Será diversión para toda la familia!)

- **¡Sé creativo!** Practica las palabras descriptivas haciendo dibujos. Mira estos dos ejemplos:

monstruo extraño	**persona de mis sueños**
very fat	*very rich*
four arms	*black hair*
three eyes	*very intelligent*
big ears	*tall*

Aprendiendo: *Conversation*

El mejor consejo que les puedo ofrecer a aquellos que quieran experimentar con una "charla" en inglés es: ¡Hazlo! Sin embargo, para practicar una conversación cuando estés solo, aquí tienes dos sugerencias que te ayudarán:

- Un juego divertido es el de "borrar" las palabras en las tiras cómicas y luego crear tus propias respuestas en inglés que tengan relación con lo que está pasando en las figuras. Usa cualquiera de los vocablos que ya conoces. ¡Escríbelos o dilos en voz alta!

- En un papel, escribe un diálogo creado por ti; uno que vayas a necesitar y que puedas usar frecuentemente. Con unas tijeras, corta cada una de las frases, y luego mézclalas. Practica con poner las frases en orden nuevamente a manera que se entienda el sentido.

Fine, Thanks. And you?

Thanks a lot. Goodbye

Joe's in the office.

Where's Joe?

Hi. How are you?

You're welcome. See you later

¡Atención!

Las tiras cómicas son excelentes para este tipo de actividad. Las personas más diligentes pueden también cortar y pegar en una cartulina o papel cualquiera de las fotos de personas en movimiento que se encuentran en las revistas.

Aprendiendo: *Action*

La mejor manera de adquirir palabras de acción es pidiéndole a una persona que te de **órdenes** para hacer algo. Al tú ejecutar lo que se te está ordenando, entenderás mejor el significado de la palabra. Otro método efectivo es el de **hacer carteles** para usarlos como ayuda visual al hablar de lo que está pasando. Es muy fácil crear estos cuadros. Solamente necesitas un poco de papel, algunas revistas, goma, y tijeras. Usa el modelo que ilustramos a continuación, o crea tus propios diseños. ¡Da vuelo a tu imaginación! Haz que participen tus familiares y amigos.

He aquí un cartel que te ayudará a aprender las formas afirmativas y negativas así como las preguntas.

Pruébalo con la palabra *eating* (comiendo). "Lee" las ilustraciones en combinación con nuestra palabra de acción, y después con cualquiera otra que tú quieras ensayar:

a. *I'm not **eating** apples.*
b. *She is **eating** bananas.*
c. *Are they **eating** oranges?*
d. *We* _____ _____ _____ _____

Y la historieta ilustrada que aparece aquí es para las super-estrellas que ya conocen muchas de las palabras de acción. Mira cada uno de los dibujos y di qué es lo que "está pasando"…

Cuando seas muy hábil con el inglés, te será muy fácil mirar esta historieta y contestar preguntas, tales como "¿Qué pasó ayer?" o "¿Qué ha pasado?". ¡Sigue adelante! No estás muy lejos de lograrlo.

Aprendiendo: *Grammar*

Como sucede en todos los idiomas, en el inglés la estructura gramatical se adquiere en forma natural, a través de los errores y la práctica. Por eso es que cuando los niños dicen sus primeras frases se oyen tan graciosos. Es bueno saber que toma años de cometer errores (y múltiples horas de instrucción en un salón de clase) para uno adquirir la capacidad de responder usando la gramática apropiada. Afortunadamente, para el estudiante de un segundo idioma existe un método más corto: la lectura. Los estudios demuestran que ésta es una forma rápida y agradable de adquirir un nuevo idioma, ya que permite descubrir reglas básicas de la gramática inglesa. Parece ser que cuando los latinos leen regularmente cualquier material simple e interesante en inglés su conversación en el nuevo idioma mejora, y el uso de su gramática es correcto la mayor parte del tiempo.

Lo que sigue es una pequeña *story* que muestra la información introducida en este libro. Antes de leerla, repasa los capítulos más difíciles. Luego lee todo el cuento. Después, revisa los capítulos por tercera vez para ver si los has entendido.

A Story   [a stóri]   (Una historia)

I'm <u>Tony</u>. *I'm very* <u>happy</u>. *I am* <u>28</u> *years old and I don't have many* <u>problems</u>. *I'm working for a big* <u>company</u> *in the United States with many of my* <u>friends</u>. *I like my job. I like my family, too. We are from* <u>Mexico</u>. *I live with my* <u>wife</u>, *my* <u>kids</u>, *my* <u>mother</u> *and my* <u>grandfather</u>. *Our house is big. It has four bedrooms,* <u>three</u> *bathrooms, a big* <u>kitchen</u> *and a living room. But there is no garage. It's a problem because I have a* <u>new</u> *car. It's a* <u>white</u> *Toyota.*

My <u>wife</u> *and my mother are working today at a* <u>restaurant</u>. *They are very* <u>happy</u> *there. My kids go to public school. They are very intelligent. They are studying* <u>English</u>. *My* <u>grandfather</u> *isn't working because he has problems with his* <u>back</u>.

On <u>Monday</u>, *I'm not going to work. I'm preparing everything for a trip to Mexico. Every* <u>December</u> *my family has a big party at our farm near* <u>Mexico City</u>. *The farm is in the* <u>mountains</u>, *and we need to buy special* <u>clothing</u> *and* <u>food</u>. *I have to work extra hours to pay for the trip. Today I am working overtime.*

Cuentos como el anterior son un buen método para aprender más vocabulario y gramática. Una técnica muy común que se emplea con este tipo de ejercicio es la de reemplazar las palabras que se encuentran subrayadas. Por lo tanto: **quita esas palabras y llena los espacios con el vocabulario apropiado.** Haz lo mismo con las palabras de acción. Esta clase de práctica parece ser más efectiva cuando los cuentos relatan experiencias personales de la vida diaria.

Some Questions for You
(Unas preguntas para ti)

Aquí tienes unas preguntas de uso diario que es muy importante que entiendas. *Please*, contesta con frases cortas, ya sea que las escribas o las hables en voz alta:

How are you?
What's your name?
What's your telephone number?
Whose book is this?
Do you have a car?
What time is it?
What day is it?
What's the weather like?
What are three parts of the human body?
How many sisters do you have?
Who's your doctor?
Is your house big?
Where is your bed?
Are you from the United States?
Are you hungry?
How old are you?
What are you doing now?
What is your family doing?
When do you speak English?
Who is your favorite person?

> **Lo siento.** Tendrás que buscar y revisar tus respuestas sin ayuda. Cuando termines, repásalas con tus familiares y amigos.

Ahora, otras preguntas que no son tan fáciles como las anteriores. ¡Cuidado con tus respuestas!:

Do you know much English?
Where are you going tomorrow?
Do you wash your hands every day?
Who was the first president of the United States?
Where were you last night?
Would you like to go to Disneyland?
Are you afraid of black cats?
Can you play football?
Did you study English last year?
Do you use the telephone much?
Are there trees near your house?

Antes de decir
Good-bye

Sin duda alguna, el final ha sido la parte más difícil de escribir. ¿Qué más te puedo decir? Ya hemos tratado todo lo que necesitas saber para empezar con el inglés. De manera que he decidido resumir con cinco sugerencias fáciles de seguir y una serie de observaciones y comentarios personales que te pueden ayudar a conseguir el éxito, pero siempre debes tenerlas presente en la mente:

1 La pronunciación y la gramática no son muy importantes.

2 No necesitas hablar hasta que te sientas listo.

3 Siéntete cómodo entre las personas norteamericanas.

4 No pongas excusas para no aprender.

5 Para aprender un idioma te tiene que divertir hacerlo.

Unos secretos para el éxito

- **Respeta y sé consciente** de las diferencias culturales.
- Acostúmbrate a **usar el inglés** regularmente.
- **Memoriza vocabulario** nuevo cada día usando cualquier método de aprendizaje que te guste.
- **Experimenta**, arriésgate y adivina cuando no estés seguro.
- **Sigue las prácticas** y actividades mencionadas en esta guía de instrucción en inglés. Este libro te ofrece sólo una base de lo que será toda una experiencia para aprender un nuevo idioma. Siempre **pregunta y escucha con atención**, esto te ayudará a "construir" tu nuevo lenguaje.
- **Trata de relajarte** antes de lanzarte a aprender y hablar. Sigue los consejos de tu libro favorito sobre la cura para el *stress* (tensión).
- **No te detengas a traducir** en medio de una conversación. Mientras estés escuchando, **concéntrate primero en el tema** o contenido, así obtendrás siquiera una idea de lo que te están diciendo.
- Si tú eres una persona emprendedora, a quien le gustan las actividades sociales y la diversión, te será mucho más fácil aprender. Siempre es mejor **mantener una actitud informal y tranquila**.
- Cuando te encuentres en una situación vergonzosa, confundido y sin recordar como decir algo en inglés, **confía en estas frases** como ayuda:
    - *I'm sorry.* [aim sári] Lo siento.
    - *I don't remember the word.* [ai dont rimémber de uerd] No recuerdo la palabra.
    - *I'm studying English.* [aim stadiin ínglech] Estoy estudiando inglés.
- Por favor, di ***please.*** El inglés te llevará muy lejos si **usas la cortesía**. Cuanto más respetuoso seas, más inglés aprenderás. Practica mucho tus "buenas maneras". ¡Y siempre **sé sincero**!
- **¡Sé paciente!** Yo sé lo que significa estar ocupado. Pero la vida es muy corta para dejar pasar las pocas oportunidades que se nos presentan. Créeme, **usa todos tus momentos libres para practicar** el inglés, o luego te arrepentirás de no haberlo hecho.
- El inglés y las costumbres entre los norteamericanos pueden variar de ciudad en ciudad. Por eso es importante que **estés atento a las diferencias entre las personas** que vas conociendo. ¡Trata de volverte un experto en adivinar de que región vienen!

Cosas para recordar

- Las palabras en inglés **no se pronuncian de la misma manera que están escritas**.
- **La cultura norteamericana tiene costumbres muy diferentes** y una manera de socializar "extranjera" que poco a poco irás entendiendo.
- **Vas a encontrar diferencias entre las dos gramáticas;** así como, la Regla del Reverso y la Regla de Muchos.
- Aunque muchas palabras y frases en inglés suenan igual, **no tienen el mismo significado**.
- El mejor método para aprender inglés es el de **conversar con los norteamericanos**. Aunque no es fácil, trata de hacerlo.
- El inglés está lleno de expresiones que **no pueden ser traducidas palabra por palabra**.
- Muchos de **los americanos hablan el inglés muy rápido** y no pronuncian las palabras claramente, lo cual te puede dificultar el aprendizaje. Ten paciencia.
- En inglés, **el sonido de la última letra** en cada palabra es muy importante.
- El alfabeto, los acentos, las mayúsculas, la puntuación y otras **formas de escritura cambian en los dos idiomas**. Si quieres tener éxito en los Estados Unidos, debes aprender a leer y a escribir en inglés.
- El estudio de la gramática avanzada requiere **la memorización de cientos de verbos** o palabras de acción.

De ti depende cuanto inglés puedas llegar a entender y a hablar más adelante. Espero que esta guía tan fácil de seguir haya hecho que tu experiencia al aprender un nuevo idioma sea mucho más agradable y libre de las presiones que te puede dar un programa de aprendizaje tradicional. Probablemente, en este momento ya habrás descubierto como usar este libro de la mejor manera para conseguir los mejores resultados. ¡Usa *Inglés para Latinos* de la forma que tú quieras! Hazlo a tu propio ritmo, tómate el tiempo que necesites, y lee nuevamente sólo esas páginas que sean de más interés para ti. Te garantizo que algo de conocimiento adquirirás.

Pero esto es solamente el comienzo. Aun con los conocimientos que ya tienes en este momento, tú estás apenas gateando—aprendiendo a como levantarte, y así tropezándote en este nuevo idioma. Confía en mi, amigo latino, lo mejor está por venir.

Your teacher and friend,

Bill

Vocabulary (Vocabulario)

Español—Inglés

a to
a lo largo de along
a veces sometimes
abajo downward
abeja bee
abierto open
abogado lawyer
abrazo hug
abrigo overcoat
abril April
abuela grandmother
abuelo grandfather
aburrido bored
acá here
acción action
aceite oil
acera sidewalk
acerca de about
acostarse lie down
actriz actress
adelante go ahead; forward
además besides
adentro de inside
adiós good-bye
adivinar guess
¿Adónde? To where?
aduana customs
aeropuerto airport
afuera outside
afueras outskirts
agencia agency
agencia de viajes travel
  agency
agosto August
agradable pleasant
agrio sour
agua water
aguja needle
ahí there
ahora nowadays
ahorita right now
ahorrar save
aire acondicionado air
  conditioning
ajedrez chess
ajo garlic
al revés backward
alambre wire
alfiler pin
alfombra rug
alguien someone
algunos, algunas some
alicates pliers
alma soul
almohada pillow
alrededor de around
alto tall; stop
allá over there
amante lover
amar love
amargo bitter
amarillo yellow
ambos both
amigo friend

amistosa friendly
amor love
anaranjado orange
ancho wide
ángel angel
anillo ring
animal animal
aniversario anniversary
anoche last night
anochecer dusk
ansioso anxious
anteayer the day before
  yesterday
antes before
anuncio announcement
año year
apartamento apartment
apasionado passionate
apellido last name
apenas just
aplicación application
aplicado studious
apostar bet
aprender learn
aprovechar take advantage
aquellos, aquellas those
  (over there)
aquí here
araña spider
árbol tree
arbusto bush
arena sand
arete earring
arma weapon
arquitecto architect
arreglar arrange
arriba upward
arroz rice
asfalto asphalt
asistente assistant
asistir attend
aspiradora vacuum cleaner
astronauta astronaut
atleta athlete
atractivo cute
aún still
autobús bus
avenida avenue
avión airplane
ayer yesterday
ayudante helper
azúcar sugar
azul blue

bahía bay
bailar dance
baile dance
bajo short
balde bucket
baldosa floor tile
baloncesto basketball
banco (Comercio) bank
bandera flag
baño bathroom

barato cheap
barco boat
barrio neighborhood
básico basic
bastante enough
bata de baño bathrobe
batería battery
batido de leche milkshake
bebé baby
beber drink
bebida drink
béisbol baseball
bella beautiful
besar kiss
beso kiss
Biblia Bible
biblioteca library
bicicleta bicycle
bienvenidos welcome
billón billion
bistec steak
blanco white
blando soft
blanqueador bleach
blusa blouse
boda wedding
bola ball
boleto ticket
boliche bowling
bolsa bag; purse
bombero fireman
bonito pretty
bosque forest
bota boot
bote de basura trash can
botella bottle
botones bellboy
boxeo boxing
brazalete bracelet
brevemente briefly
brillante bright
broche brooch
bueno good
bufanda scarf
buscar look for

caballo horse
cada each
cadena chain
café coffee
cafetera coffee pot
caja box
cajero cashier
cajón drawer
calcetines socks
caldo broth
calefacción heating
calendario calendar
caliente hot
calor heat
calvo bald
calzoncillos shorts
calle street
cama bed

cámara camera
camarón shrimp
cambio change
camello camel
caminar walk
camino road
camión truck
camionero truck driver
camisa shirt
camiseta T-shirt
campesino farmer
campo field; countryside
cancha court
cangrejo crab
canica marble
cansado tired
cantar sing
cántaro pitcher
cantina bar
capítulo chapter
cárcel jail
caricatura cartoon
carne meat
carnicería meat market
caro expensive
carpintero carpenter
carta (de la baraja) card
carta letter
cartera wallet
cartón cardboard
carretera highway
carro car
casa house
casi almost
castigo punishment
católico Catholic
catorce fourteen
cebolla onion
cebra zebra
ceda el paso yield
celebrar celebrate
celoso jealous
cementerio cemetery
cemento cement
cenicero ashtray
centro (zona de
  comercio) downtown
Centroamérica Central
  America
ceño frown
cepillo brush
cerca near
cerca (muro) fence
cerdo pork
cereza cherry
cero zero
cerveza beer
cerrado closed
cerradura lock
cerrar close
cerro hill
cielo heaven
cien hundred
cientos hundreds

cierto certain
cigarrillo cigarette
cinco five
cincuenta fifty
cine movie
cinta ribbon
cinturón belt
circo circus
circulación one way
cita appointment
clarinete clarinet
claro light
clavo nail
cliente client
clima weather; climate
cobarde coward
cobija blanket
cocido cooked
cocina kitchen
cocinar cook
cocinero chef
código de área area code
coger catch
collar necklace
comedor dining room
cometa (juguete) kite
comida food
¿Cómo? How?
compañero buddy
computadora computer
comunidad community
comunismo communism
con with
concierto concert
condominio condominium
conferencia conference
confiar trust
conmigo with me
construir build
contaminación pollution
contestar answer
contigo with you
contra against
contrario opposite
contrato contract
controlar control
conversación conversation
copiadora copier
corazón heart
corbata tie
cortar cut
corte (tribunal) court
corte de pelo haircut
cortina curtain
corto short
correctamente correctly
correcto correct; right
correo mail; post office
correr run
cosa thing
costa coast
crema cream
criada maid
crimen crime
cristiano Christian
crudo raw
cruel mean
cruz cross
cuaderno notebook
cuadra block
¿Cuál? Which?
cualquier parte anywhere

cualquier persona anyone
cualquiera any
¿Cuándo? When?
¿Cuánto? How much?
¿Cuántos? How many?
cuarenta forty
cuatro four
Cuba Cuba
cucaracha cockroach
cuchara spoon
cuchillo knife
cuenta bill; account
culpa fault; blame
cumpleaños birthday
cuñada sister-in-law
cuñado brother-in-law
cupón coupon

champú shampoo
chaqueta jacket
cheque check
chicle gum
chico small
chimenea chimney
China China
chiste joke
chistoso funny
chivo goat

dama lady
dar give
de of; from
de repente suddenly
debajo underneath
débil weak
decir say
dejar leave behind; allow
del of the; from the
delantal apron
demasiado too much
democracia democracy
dentista dentist
deporte sport
derecha right
desarollar develop
descansar rest
descompuesto out of order;
  broken
descripción description
descuento discount
desde from
desear wish
desierto desert
desodorante deodorant
despacio slow
después afterwards
destornillador screwdriver
desván attic
desviación detour
detergente detergent
detrás de behind
día day
diablo devil
diálogo dialog
diamante diamond
diario daily
dibujar draw
diccionario dictionary
diecinueve nineteen
dieciocho eighteen
dieciseis sixteen
diecisiete seventeen

dieta diet
diez ten
diferente different
difícil difficult
dinero money
Dios God
dirección address
discutir discuss
disponible available
distancia distance
diversión fun
divertirse enjoy oneself
doce twelve
dólar dollar
dolor pain
domingo Sunday
¿Dónde? Where?
dormido asleep
dormir sleep
dos two
droga drug
duda doubt
dueño owner
dulce (la comida) candy
dulce (el sabor) sweet
duro hard

edificio building
educado well-mannered
efectivamente effectively
ejemplo example
ejercicio exercise
él he, him
el, los the
electricidad electricity
eléctrico electric
elefante elephant
elegante elegant
elevador elevator
ella she; her
ellas, ellos they
embarazada pregnant
emergencia emergency
empezar begin
empleado employee
empujar push
en in; on; at
encima de above
encontrar find
enchufe outlet
enemigo enemy
enero January
enfermedad sickness
enfermera nurse
enfrente de in front of
enganche down payment
enjuague conditioner
enojado angry
ensalada salad
entonces then
entrada entrance
entre between
entrenador coach
entrenamiento training
entrevista interview
equipo team
equivocado wrong
escalera ladder
escaleras stairs
escoba broom
escribir write
escribir a máquina type

escritor writer
escritorio desk
escuchar listen
escuela school
ese, esa, eso that
esos, esas those
España Spain
español Spanish
especial special
espejo mirror
esperanza hope
esposa wife
esposo husband
esquiar ski
esquina corner
estación season; station
estacionamiento parking
estacionar park
estadio stadium
Estados Unidos United States
estar be
este east
este, esta, esto this
estéreo stereo
estos, estas these
estrecho narrow
estructura structure
estudiante student
estudio study
estufa stove
estúpido stupid
evitar avoid
examen test
excelente excellent
excusado toilet
experiencia experience
extraño strange

fábrica factory
fácil easy
falda skirt
faltar miss
familia family
famoso famous
fantasma ghost
fantástico fantastic
farmacia pharmacy
favorito favorite
fe faith
febrero February
fecha date
felicitaciones congratulations
fiel faithful
fiesta party
filosofía philosophy
fin end
finca farm
flaco thin
flor flower
florero vase
flotar float
fondo bottom
forma form
fósforo match
foto picture
fotografía photography
Francia France
frasco jar
frase sentence
fresa strawberry
fresco fresh
frío cold

frito fried
frontera border
fuegos artificiales fireworks
fuerte strong
fumar smoke
furioso furious
fútbol soccer

gabinete cabinet
galleta cookie
gancho hanger
ganga bargain
garaje garage
garganta throat
gasolinera gas station
gastar spend
gato cat
gemelo twin
gente people
gerente manager
gimnasio gymnasium
globo balloon
gobierno government
goma rubber
gordo fat
gorra cap
gracias thanks
gramática grammar
grande big; large
gris gray
gritar yell
guante glove
guapo handsome
guerra war
guía guide
guisante pea
guitarra guitar

habitación room
hablar speak
hacer do; make
hacia towards
hambre hunger
hamburguesa hamburger
hasta until
hay there is; there are
helado ice cream
helicóptero helicopter
hermana sister
hermano brother
hermosa lovely
herramienta tool
hielo ice
hierba grass
hija daughter
hijo son
hilo thread
hipopótamo hippopotamus
hoja leaf
hola hello
hombre man
honesto honest
hora time; hour
horario schedule
hormiga ant
hospital hospital
hoy today
huelga strike
huevo egg
humo smoke
idioma language
iglesia church

igualmente same to you
impermeable raincoat
importante important
incorrecto incorrect
infierno hell
información information
ingeniero engineer
Inglaterra England
inglés English
inmediatamente immediately
insecto insect
instrumento instrument
inteligente intelligent
interesante interesting
invierno winter
isla island
izquierda left

jabón soap
jalar pull
jamón ham
Japón Japan
jardín garden
jardinero gardener
jefe boss
Jesucristo Jesus Christ
jirafa giraffe
jóven young
joya jewel
judía verde grean bean
judío Jew
juego game
juego de damas checkers
jueves Thursday
jugar play
jugo juice
julio July
junio June
junta meeting
juntar join
juntos together
justicia justice

la, las the
lado side
ladrillo brick
ladrón thief
lago lake
lágrima tear
lámpara lamp
langosta lobster
lanzar pitch
lápiz pencil
largo long
lata can
latino Latin, Hispanic (EE.UU.)
lavabo bathroom sink
lavadora washer
lavandería laundromat
lavar wash
lección lesson
leche milk
lechuga lettuce
leer read
lejos far
lengua tongue; language
lento slow
león lion
letra letter
letra mayúscula capital letter
letra minúscula lowercase letter

levantarse get up
ley law
libra pound
libro book
licencia de chófer driver's license
licuadora blender
limón lemon
limonada lemonade
limpio clean
linda very pretty
lista list
listo ready; clever
litro liter
loco crazy
lodo mud
lote de carros car lot
luego later
lugar place
luna moon
lunes Monday
luz light

llanta tire
llave key
llegar arrive
lleno full
llevar carry
llorar cry
lluvia rain

madera wood
madre mother
madrugada dawn
maduro ripe
maestro teacher
magia magic
magnífico magnificent
maíz corn
maleta suitcase
maletín briefcase
mancha stain
mandato command
manera manner
manguera hose
mano hand
mantel tablecloth
mantequilla butter
manzana apple
mañana (la) morning
mañana tomorrow
mapa map
maquillaje make-up
máquina de escribir typewriter
mar sea
maravilloso marvelous
marea tide
martes Tuesday
martillo hammer
marzo March
más more
matrimonio marriage
mayo May
mayor older
mayoría majority
máximo maximum
mecánico mechanic
mediano medium
medianoche midnight
medicina medicine
médico doctor

medio half; middle
mediodía noon
menor younger
menos less
mentira lie
mes month
mesa table
mesera waitress
mesero waiter
método method
metro subway; meter
México Mexico
mi, mis my
miedo fear
miel honey
miembro member
mientras during
miércoles Wednesday
mil thousand
milagro miracle
milla mile
millonario millionaire
millón million
minoría minority
minuto minute
mío, mía mine
mirar watch; look
mismo same
mitad half
mochila knapsack
moderno modern
momento moment
moneda coin
mono monkey
montar ride
montar a caballo horseback riding
morado purple
moreno dark-haired
mosca fly
mostaza mustard
mostrar show
motocicleta motorcycle
motor engine
mucho a lot of; much
muchos a lot of; many
mueblería furniture store
muebles furniture
muerte death
muerto dead
mujer woman
mundo world
muñeca doll
museo museum
música music
músico musician
muy very

nacimiento birth
nación nation
nacionalidad nationality
nada nothing
nadar swim
nadie no one
naranja orange
naturaleza nature
navaja razor
navegar sail
Navidad Christmas
neblina fog
necesario necessary
negro black

nervioso nervous
nieta granddaughter
nieto grandson
nieve snow
ninguno none
niño child
noche night
nombre name
Norteamérica North America
nosotros, nosotras we
nota note
noticia notice
noticias news
novecientos nine hundred
noventa ninety
novia girlfriend
noviembre November
novio boyfriend
novios sweethearts
nube cloud
nudo knot
nuera daughter-in-law
nuestro(s) our
nueve nine
nuez nut
número number
número de
  teléfono telephone number
nunca never

o or
obstruir block
obvio obvious
océano ocean
octubre October
ochenta eighty
ocho eight
odiar hate
oferta offer
oficina office
ola, wave
olvidar forget
olla pot
once eleven
operación operation
ordenar order
orgulloso proud
oro gold
oscuro dark
oso bear
otoño (estación) fall
otra another
otra vez again
oveja sheep

padre father
padres parents
pagar pay
página page
pago payment
pájaro bird
pala shovel
palabra word
palo stick
pan bread
panadería bakery
pandilla gang
pantalones pants
pantuflas slippers
pañuelo handkerchief
papa potato
papel paper

par pair
para for
parada de autobús bus stop
paraguas umbrella
pardo brown
pareja couple
pariente relative
parque park
partido político political
  party
pasado past
pasaporte passport
pasar pass; happen
pasillo hallway
paso step
pastel pie
patinar skate
patines skates
patio yard
patio de recreo playground
pato duck
pavo turkey
payaso clown
paz peace
pegar hit; stick
peine comb
peligroso dangerous
pelirrojo red-headed
pelota ball
peluquería barber shop
perder lose
perdido lost
perezoso lazy
perfectamente perfectly
perfume perfume
periódico newspaper
perla pearl
pero but
persona person
perro dog
perro caliente hot dog
pesadilla nightmare
pesar weigh
pescado, pez fish
pescador fisherman
pescar fish
picante hot
piedra stone
pijama pajamas
pimienta pepper
pintor painter
pintura paint
piscina swimming pool
piso floor
pizarrón chalkboard
placa license plate
plancha iron
planta plant
plantar plant
plástico plastic
plata silver
plátano banana
platicar chat
plato plate
pleito fight; lawsuit
plomero plumber
pluma (de escribir) pen
pobre poor
pobreza poverty
poco a little bit
pocos few
podrido rotten

policía policeman; police
política politics
póliza policy
polvo dust
pollo chicken
poner put
poquito a very little bit
poquitos very few
por for
por algún lugar somewhere
por eso therefore
por favor please
por fin at last; finally
por ningún lado nowhere
¿Por qué? Why?
por todas partes everywhere
porque because
portón gate
posible possible
postre dessert
práctica practice
precio price
preciosa precious
pregunta question
presentación introduction
presidente president
prestar lend
pretender court someone
primavera spring
primer first
primo, prima cousin
probar try
problema problem
producto product
profesional professional
programa program
promesa promise
pronto soon
pronunciación pronunciation
propina tip
próximo next
público public
pueblo town
puente bridge
puerco pig
puerta door
puesta del sol sunset
punta point
punto dot

que that
¿Qué? What?
quebrar break
querido darling
queso cheese
¿Quién? Who?
quince fifteen
quinientos five hundred
quitar take away

rama branch
rancho ranch
rápidamente quickly
rápido quick
raqueta racket
rascacielos skyscrapers
rasposo rough
rastrillo rake
rata rat
rato awhile
ratón mouse
razón reason

recado message
recámara bedroom
receta recipe
recibir receive
recibo receipt
recreo recreation
red net
refresco refreshment
refrigerador refrigerator
regadera shower
reina queen
religión religion
reloj clock
reloj de pulsera watch
renunciar quit
reparación repair
reparar fix
repaso review
repisa para libros bookcase
repollo cabbage
reservación reservation
respeto respect
restaurante restaurant
revisar to check
revista magazine
rey king
rico rich
rinoceronte rhinoceros
río river
risa laughter
roca rock
rojo red
romántico romantic
rompecabezas puzzle
ropa clothing
ropa interior underwear
ropero closet
roto broken
rubio blond

sábado Saturday
sábana sheet
sabor flavor
saco deportivo sports coat
sal salt
sala living room
salado salty
salchicha sausage
salida exit
salir leave
salsa sauce
salud health
salvaje wild
salvar save
sanitario restroom
santo saint; holy
sartén frying pan
saxófono saxophone
se alquila for rent
se vende for sale
secadora dryer
seco dry
secretario secretary
sed thirst
segundo second
seguro sure
seguro social social security
seis six
selva jungle
sello stamp
semáforo signal light
semana week

semilla seed
sentarse sit down
señal road sign
señor Mr.; man
señora Mrs.; lady
señorita Miss; young lady
septiembre September
ser be
servilleta napkin
serrucho saw
sesenta sixty
setecientos seven hundred
setenta seventy
sexo sex
si if
sí yes
SIDA AIDS
siempre always
siete seven
significado meaning
siguiente following
silencio quiet
silla chair
sillón easy chair
símbolo symbol
simpático nice
sin without
sin embargo however
sinceramente sincerely
sincero sincere
sitio place
sobre over; envelope
sobrevivir survive
sofá couch
sol sun
soldado soldier
solo alone
sólo only
soltero single
sombrero hat
sonido sound
sonrisa smile
soñar dream
sopa soup
sorprendido surprised
sótano basement
su your; his; her; their
suave smooth

sube y baja seesaw
subir climb
sucio dirty
sudaderas sweatsuit
Sudamérica South America
suegra mother-in-law
suegro father-in-law
sueño dream
suerte luck
suéter sweater
supermercado supermarket
suyo hers; his; theirs

tamaño size
también too; also
tambor drum
tampoco neither
tan so
tarde late; afternoon
tarea homework
tarjeta de crédito credit card
tarjeta postal postcard
taza cup
té tea
tela cloth
teléfono telephone
televisión television
televisor television
tema theme
temprano early
tenedor fork
tener have
tenis tennis
terminar finish
terrible terrible
terrífico terrific
tesoro treasure
tía aunt
tiempo time; weather
tienda store
tierra dirt
tigre tiger
tijeras scissors
timbre doorbell
tímido shy
tina bathtub
tío uncle

tirar throw
tiza chalk
toalla towel
tocador dresser
tocar touch; play an instrument
todavía yet
todo all
todo el mundo everybody
todos los días every day
tomar take; drink
tonto dumb
tornillo screw
toronja grapefruit
torta cake
tostador toaster
trabajo work; job
traducir translate
traer bring
tráfico traffic
traje suit
traje de baño swimsuit
trapeador mop
traste dish
trece thirteen
treinta thirty
tren train
tres three
tu your
tú you
tubería plumbing
turista tourist
tuyo yours

último last
un, una a
una vez once
universidad university
uno one
unos, unas some
usted you
ustedes you guys
usualmente usually
uva grape

vaca cow
vacación vacation

vacío empty
valiente brave
valle valley
varios several
vaso glass
veinte twenty
venado deer
vendedor salesman
vender sell
venta sale
ventana window
verano summer
verdad truth
verde green
vestido dress
vestirse get dressed
viajar travel
víbora snake
vida life
vidrio glass
viejo old
viernes Friday
vino wine
violencia violence
violento violent
violín violin
visitar visit
vista view
vocabulario vocabulary
volar fly
vóleibol volleyball
volver return
voto vote
voz voice

y and
ya already
yerno son-in-law
yo I

zanahoria carrot
zapatería shoe store
zapato shoe
zona postal zip code
zoológico zoo

Inglés—Español

a un, una
a little bit poco
a lot of muchos; mucho
a very little bit poquito
about acerca de
above encima de
account cuenta
action acción
actress actriz
address dirección
afternoon tarde
afterwards después
again otra vez
against contra
agency agencia
AIDS SIDA
air conditioning aire
  acondicionado
airplane avión
airport aeropuerto
all todo
allow dejar
almost casi
alone solo
along a lo largo de
already ya
also también
always siempre
and y
angel ángel
angry enojado
animal animal
anniversary aniversario
announcement anuncio
another otra
answer contestar
ant hormiga
anxious ansioso
any cualquiera
anyone cualquier persona
anywhere cualquier parte
apartment apartamento
apple manzana
application aplicación
appointment cita
April abril
apron delantal
architect arquitecto
area code código de área
around alrededor de
arrange arreglar
arrive llegar
ashtray cenicero
asphalt asfalto
assistant asistente
astronaut astronauta
at en
athlete atleta
attend asistir
attic desván
August agosto
aunt tía
available disponible
avenue avenida
avoid evitar
awhile rato

baby bebé
backward al revés

bag bolsa
bakery panadería
bald calvo
ball bola, pelota
balloon globo
banana plátano
bank banco
bar cantina
barber shop peluquería
bargain ganga
baseball béisbol
basement sótano
basic básico
basketball boloncesto
bathrobe bata de baño
bathroom baño
bathroom sink lavabo
bathtub tina
battery batería
bay bahía
be estar; ser
bear oso
beautiful bella
because porque
bed cama
bedroom dormitorio
bee abeja
beer cerveza
before antes
begin empezar
behind detrás de
bellboy botones
belt cinturón
besides además
bet apostar
between entre
Bible Biblia
bicycle bicicleta
big grande
bill cuenta
billion billón
bird pájaro
birth nacimiento
birthday cumpleaños
bitter amargo
black negro
blanket cobija
bleach blanqueador
blender licuadora
block cuadra; obstruir
blond rubio
blouse blusa
blue azul
boat barco
book libro
bookcase repisa para libros
boot bota
border frontera
bored aburrido
boss jefe
both ambos
bottle botella
bottom fondo
bowling boliche
box caja
boxing boxeo
boyfriend novio
bracelet brazalete
branch rama

brave valiente
bread pan
break quebrar
brick ladrillo
bridge puente
briefcase maletín
briefly brevemente
bright brillante
bring traer
broken descompuesto
brooch broche
broom escoba
broth caldo
brother hermano
brother-in-law cuñado
brown pardo
brush cepillo
bucket balde
buddy compañero
build construir
building edificio
bus autobús
bus stop parada de autobús
bush arbusto
but pero
butter mantequilla

cabbage repollo
cabinet gabinete
cake torta
calendar calendario
camel camello
camera cámara
can lata
candy dulce (la comida)
cap gorra
capital letter letra mayúscula
car carro
car lot lote de carros
card carta (de la baraja)
cardboard cartón
carpenter carpintero
carrot zanahoria
carry llevar
cartoon caricatura
cashier cajero
cat gato
catch coger
Catholic católico
celebrate celebrar
cement cemento
cemetery cementerio
Central
  America Centroamérica
certain cierto
chain cadena
chair silla
chalk tiza
chalkboard pizarrón
change cambio
chapter capítulo
chat platicar
check cheque; revisar
checkers juego de damas
cheese queso
chef cocinero
cherry cereza
chess ajedrez

chicken pollo
child niño
chimney chimenea
China China
Christian cristiano
Christmas Navidad
church iglesia
cigarette cigarrillo
circus circo
clarinet clarinete
clean limpio
client cliente
climb subir
clock reloj
close cerrar
closed cerrado
closet ropero
cloth tela
clothing ropa
cloud nube
clown payaso
coach entrenador
coast costa
cockroach cucaracha
coffee café
coffee pot cafetera
coin moneda
cold frío
comb peine
command mandato
communism comunismo
community comunidad
computer computadora
concert concierto
conditioner enjuague
conference conferencia
congratulations felicitaciones
contract contrato
control controlar
conversation conversación
cook cocinar
cooked cocido
cookie galleta
copier copiadora
corn maíz
corner esquina
correct correcto
correctly correctamente
couch sofá
countryside campo
couple pareja
coupon cupón
court cancha; corte
cousin prima; primo
cow vaca
coward cobarde
crab cangreja
crazy loco
cream crema
credit card tarjeta de crédito
crime crimen
cross cruz
cry llorar
Cuba Cuba
cup taza
curtain cortina
customs aduana
cut cortar
cute atractivo

daily diario
dance baile; bailar
dangerous peligroso
dark oscuro
dark-haired moreno
darling querido
date fecha
daughter hija
daughter-in-law nuera
dawn madrugada
day día
dead muerto
death muerte
deer venado
democracy democracia
dentist dentista
deodordant desodorante
description descripción
desert desierto
desk escritorio
dessert postre
detergent detergente
detour desviación
develop desarollar
devil diablo
dialog diálogo
diamond diamante
dictionary diccionario
diet dieta
different diferente
difficult difícil
dining room comedor
dirt tierra
dirty sucio
discount descuento
discuss discutir
dish traste
distance distancia
do hacer
doctor médico
dog perro
doll muñeca
dollar dólar
door puerta
doorbell timbre
dot punto
doubt duda
down payment enganche
downtown centro (*zona de comercio*)
downward abajo
draw dibujar
drawer cajón
dream sueño; soñar
dress vestido
dresser tocador
drink bebida; beber
driver's license licencia de chófer
drug droga
drum tambor
dry seco; secar
dryer secadora
duck pato
dumb tonto
during mientras
dusk anochecer
dust polvo

each cada
early temprano
earring arete

east este
easy fácil
easy chair sillón
effectively efectivamente
egg huevo
eight ocho
eighteen dieciocho
eighty ochenta
electric eléctrico
electricity electricidad
elegant elegante
elephant elefante
elevator elevador
eleven once
emergency emergencia
employee empleado
empty vacío
end fin
enemy enemigo
engine motor
engineer ingeniero
England Inglaterra
English inglés
enjoy oneself divertirse
enough bastante
entrance entrada
envelope sobre
every day todos los días
everybody todo el mundo
everywhere por todas partes
example ejemplo
excellent excelente
exercise ejercicio
exit salida
expensive caro
experience experiencia

factory fábrica
faith fe
faithful fiel
fall otoño; caer
family familia
famous famoso
fantastic fantástico
far lejos
farm finca
farmer campesino
fast rápido
fat gordo
father padre
father-in-law suegro
fault culpa
favorite favorito
fear miedo
February febrero
fence cerca (*muro*)
few pocos
field campo
fifteen quince
fifty cincuenta
fight pleito
finally por fin
find encontrar
finish terminar
fireman bombero
fireworks fuegos artificiales
first primer
fish pescado; pez; pescar
fisherman pescador
five cinco
five hundred quinientos
fix reparar

flag bandera
flavor sabor
float flotar
floor piso
floor tile baldosa
flower flor
fly mosca; volar
fog neblina
following siguiente
food comida
for para; por
for rent se aquila
for sale se vende
forest bosque
forget olvidar
fork tenedor
form forma
forty cuarenta
forward adelante
four cuatro
fourteen catorce
France Francia
fresh fresco
Friday viernes
fried frito
friend amigo
friendly amistosa
from desde; de
frown ceño
frying pan sartén
full lleno
fun diversión
funny chistoso
furious furioso
furniture muebles
furniture store mueblería

game juego
gang pandilla
garage garaje
garden jardín
gardener jardinero
garlic ajo
gas station gasolinera
gate portón
get dressed vestirse
get up levantarse
ghost fantasma
giraffe jirafa
girlfriend novia
give dar
glass vaso; vidrio
glove guante
goat chivo
God Dios
gold oro
good bueno
good-bye adiós
government gobierno
grammar gramática
granddaughter nieta
grandfather abuelo
grandmother abuela
grandson nieto
grape uva
grapefruit toronja
grass hierba
gray gris
green verde
green bean judía verde
guess adivinar
guide guía

guitar guitarra
gum chicle
gymnasium gimnasio

haircut corte de pelo
half mitad
hallway pasillo
ham jamón
hamburger hamburguesa
hammer martillo
hand mano
handkerchief pañuelo
handsome guapo
hanger gancho
happen ocurrir
hard duro; difícil
hat sombrero
hate odiar
have tener
he él
health salud
heart corazón
heat calor
heating calefacción
heaven cielo
helicopter helicóptero
hell infierno
hello hola
helper ayudante
her su (*de ella*)
here acá; aquí
hers suya (*de ella*)
highway carretera
hill cerro
him él
hippopotamus hipopótamo
his su; suya (*de él*)
Hispanic latino (EE.UU.)
hit pegar
holy santo
homework tarea
honest honesto
honey miel
hope esperanza
horse caballo
horseback riding montar a caballo
hose manguera
hospital hospital
hot caliente
hot dog perro caliente
hour hora
house casa
How? ¿Cómo?
How many? ¿Cuántos?
How much? ¿Cuánto?
however sin embargo
hug abrazo
hundred cien
hundreds cientos
hunger hambre
husband esposo

I yo
ice hielo
ice cream helado
if si
immediately inmediatamente
important importante
in en
in front of enfrente de
incorrect incorrecto

inexpensive barato
information información
insect insecto
inside adentro de
instrument instrumento
intelligent inteligente
interesting interesante
interview entrevista
introduction presentación
iron plancha
island isla

jacket chaqueta
jail cárcel
January enero
Japan Japón
jar frasco
jealous celoso
Jesus Christ Jesucristo
Jew judío
jewel joya
job trabajo
join juntar
joke chiste
juice jugo
July julio
June junio
jungle selva
just apenas
justice justicia

key llave
king rey
kiss beso; besar
kitchen cocina
kite cometa (*juguete*)
knapsack mochila
knife cuchillo
knot nudo

ladder escalera
lady dama
lake lago
lamp lámpara
language idioma
large grande
last último
last name apellido
last night anoche
late tarde
later luego
Latin latino
laughter risa
laundromat lavandería
law ley
lawyer abogado
lazy perezoso
leaf hoja
learn aprender
leave salir
left izquierda
lemon limón
lemonade limonada
lend prestar
less menos
lesson lección
letter letra; carta
lettuce lechuga
library biblioteca
license plate placa
lie mentira

lie down acostarse
life vida
light luz; claro
lion león
list lista
listen escuchar
living room sala
lobster langosta
lock cerradura
long largo
look mirar
look for buscar
lose perder
lost perdido
love amor; amar
lovely hermosa
lover amante
lowercase letter letra
   minúscula
luck suerte

magazine revista
magic magia
magnificent magnífico
maid criada
mail correo
majority mayoría
make hacer
make-up maquillaje
man hombre
manager gerente
manner manera
many muchos
map mapa
marble canica
March marzo
marriage matrimonio
marvelous maravilloso
match fósforo
maximum máxima
May mayo
meals comidas
mean cruel
meaning significado
meat carne
meat market carnicería
mechanic mecánico
medicine medicina
medium mediano
meeting junta
member miembro
message recado
meter metro
method método
Mexico México
middle medio
midnight medianoche
mile milla
milk leche
milkshake batido de leche
million millón
millionaire millonario
mine mío
minority minoría
minute minuto
miracle milagro
mirror espejo
miss faltar
Miss señorita
modern moderno
moment momento
Monday lunes

money dinero
monkey mono
month mes
moon luna
mop trapeador
more más
morning la mañana
mother madre
motorcycle motocicleta
mouse ratón
movie cine
Mr. Sr.
Mrs. Sra.
mud lodo
museum museo
music música
musician músico
mustard mostaza
my mi; mis

nail clavo
name nombre
napkin servilleta
narrow estrecho
nation nación
nationality nacionalidad
nature naturaleza
near cerca
necessary necesario
necklace collar
needle aguja
neighborhood barrio
neither tampoco
nervous nervioso
net red
never nunca
news noticias
newspaper periódico
next próximo
nice simpático
night noche
nightmare pesadilla
nine nueve
nine hundred novecientos
nineteen diecinueve
ninety noventa
no one nadie
none ninguno
noon mediodía
North America Norteamérica
note nota
notebook cuaderno
nothing nada
notice noticia
November noviembre
nowadays ahora
nowhere por ningún lado
number número
nurse enfermero
nut nuez

obvious obvio
ocean océano
October octubre
of de
offer oferta
office oficina
oil aceite
old viejo
older mayor
on en
once una vez

one uno
onion cebolla
only sólo
open abierto
operation operación
opposite contrario
or o
orange naranja; anaranjado
order ordenar
our nuestro(s)
outlet enchufe
outside afuera
outskirts afueras
over sobre
over there allá
overcoat abrigo
owner dueño

page página
pain dolor
paint pintura
painter pintor
pair par
pajamas pijama
pants pantalones
paper papel
parents padres
park parque; estacionar
parking estacionamiento
party fiesta
pass pasar
passionate apasionado
passport pasaporte
past pasado
pay pagar
payment pago
pea guisante
peace paz
pearl perla
pen pluma (*de escribir*)
pencil lápiz
people gente
pepper pimienta
perfectly perfectamente
perfume perfume
person persona
pharmacy farmacia
philosophy filosofía
photography fotografía
picture foto; pintura
pie pastel
pig puerco
pillow almohada
pin alfiler
pitch lanzar
pitcher cántaro
place lugar; sitio
plant planta; plantar
plastic plástico
plate plato
play jugar
play an instrument tocar
   música
playground patio de recreo
pleasant agradable
please por favor
pliers alicates
plumber plomero
plumbing tubería
point punta
police policía
policy póliza

political party partido político
politics política
pollution contaminación
poor pobre
pork cerdo
possible posible
post office oficina de correos
postcard tarjeta postal
pot olla
potato papa
pound libra
poverty pobreza
practice práctica
precious preciosa
pregnant embarazada
president presidente
pretty bonito
price precio
problem problema
product producto
professional profesional
program programa
promise promesa
pronunciation pronunciación
proud orgulloso
public público
pull jalar
punishment castigo
purple morado
purse bolsa
push empujar
put poner
puzzle rompecabezas

queen reina
question pregunta
quick rápido
quickly rápidamente
quiet silencio
quit renunciar

racket raqueta
rain lluvia
raincoat impermeable
rake rastrillo
ranch rancho
rat rata
raw crudo
razor navaja
read leer
ready listo
reason razón
receipt recibo
receive recibir
recipe receta
recreation recreo
red rojo
red-headed pelirrojo
refreshment refresco
refrigerator refrigerador
relative pariente
religion religión
repair reparación
reservation reservación
respect respeto
rest descansar
restaurant restaurante
return volver
review repaso
rhinoceros rinoceronte
ribbon cinta

rice arroz
rich rico
ride montar
right derecha; correcto
right now ahorita
ring anillo
ripe maduro
river río
road camino
road sign señal
rock roca
romantic romántico
room habitación
rotten podrido
rough rasposo
rubber goma
rug alfombra
run correr

sail navegar
saint santo
salad ensalada
sale venta
salesman vendedor
salt sal
salty salado
same mismo
same to you igualmente
sand arena
Saturday sábado
sauce salsa
sausage salchicha
save ahorrar; salvar
saw serrucho
saxophone saxófono
say decir
scarf bufanda
schedule horario
school escuela
scissors tijeras
screw tornillo
screwdriver destornillador
sea mar
season estación
second segundo
secretary secretario
seed semilla
seesaw sube y baja
sell vender
sentence frase
September septiembre
seven siete
seven hundred setecientos
seventeen diecisiete
seventy setenta
several varios
sex sexo
shampoo champú
she ella
sheep oveja
sheet sábana
shirt camisa
shoe zapato
shoe store zapatería
short bajo; corto
shorts calzoncillos
shovel pala
show mostrar
shower regadera
shrimp camarón
shy tímido
sickness enfermedad

side lado
sidewalk acera
signal light semáforo
silver plata
sincere sincero
sincerely sinceramente
sing cantar
single soltero
sister hermana
sister-in-law cuñada
sit down sentarse
six seis
sixteen dieciseis
sixty sesenta
size tamaño
skate patinar
skates patines
ski esquiar
skirt falda
skyscrapers rascacielos
sleep dormir
sleepy dormido
slippers pantuflas
slow despacio
small chico
smile sonrisa
smoke humo; fumar
smooth suave
snake víbora
snow nieve
so tan
soap jabón
soccer fútbol
social security seguro social
socks calcetines
soft blando
soldier soldado
some algunos; unos
someone alguien
sometimes a veces
somewhere por algún lugar
son hijo
son-in-law yerno
soon pronto
soul alma
sound sonido
soup sopa
sour agrio
South America Sudamérica
Spain España
Spanish español
speak hablar
special especial
spend gastar
spider araña
spoon cuchara
sport deporte
sports coat saco deportivo
spring primavera
stadium estadio
stain mancha
stairs escaleras
stamp sello
station estación
steak bistec
step paso
stereo estéreo
stick palo
still aún
stone piedra
stop parar; alto
store tienda

stove estufa
strange extraño
strawberry fresa
street calle
strike huelga
strong fuerte
structure estructura
student estudiante
studious aplicado
study estudio
stupid estúpido
subway metro
suddenly de repente
sugar azúcar
suit traje
suitcase maleta
summer verano
sun sol
Sunday domingo
sunset puesta del sol
supermarket supermercado
sure seguro
surprised sorprendido
survive sobrevivir
sweater suéter
sweatsuit sudaderas
sweet dulce (el sabor)
sweethearts novios
swim nadar
swimming pool piscina
swimsuit traje de baño
symbol símbolo

T-shirt camiseta
table mesa
tablecloth mantel
take tomar
take advantage aprovechar
take away quitar
tall alto
tea té
teacher maestro
team equipo
tear lágrima
tear romper
telephone teléfono
telephone number número de teléfono
television televisión; televisor
ten diez
tennis tenis
terrible terrible
terrific terrífico
test examen
thanks gracias
that eso; aquel; que
the el; los; la; las
the day before yesterday anteayer
their su (*de ellos*)
theirs suyo (*de ellos*)
theme tema
then entonces
there ahí
there is, there are hay
therefore por eso
these estos; estas
they ellos; ellas
thief ladrón
thin flaco
thing cosa
thirst sed

thirteen trece
thirty treinta
this esto; esta; este
those esos; aquellos
thousand mil
thread hilo
three tres
throat garganta
throw tirar
Thursday jueves
ticket boleto
tide marea
tie corbata
tiger tigre
time hora; vez; tiempo
tip propina
tire llanta
tired cansado
to a
to the al
To where? ¿Adónde?
toaster tostador
today hoy
together juntos
toilet excusado
tomorrow mañana
tongue lengua
too también
too much demasiado
tool herramienta
touch tocar
tourist turista
towards hacia
towel toalla
town pueblo
traffic tráfico
train tren
training entrenamiento
translate traducir

trash can bote de basura
travel viajar
travel agency agencia de viajes
treasure tesoro
tree árbol
truck camión
truck driver camionero
trust confiar
truth verdad
try probar
Tuesday martes
turkey pavo
twelve doce
twenty veinte
twin gemelo
two dos
type escribir a máquina
typewriter máquina de escribir

umbrella paraguas
uncle tío
underneath debajo
underwear ropa interior
United States Estados Unidos
university universidad
until hasta
upward arriba
usually usualmente

vacation vacación
vacuum cleaner aspiradora
valley valle
vase florero
very muy
very few poquitos
very pretty linda

view vista
violence violencia
violent violento
violin violín
visit visitar
vocabulary vocabulario
voice voz
volleyball vóleibol
vote voto

waiter mesero
waitress mesera
walk caminar
wallet cartera
war guerra
wash lavar
washer lavadora
watch mirar; reloj de pulsera
water agua
wave ola
we nosotros
weak débil
weapon arma
weather tiempo; clima
wedding boda
Wednesday miércoles
week semana
weigh pesar
welcome bienvenidos
well-mannered educado
What? ¿Qué?
When? ¿Cuándo?
Where? ¿Dónde?
Which? ¿Cuál?
white blanco
Who? ¿Quién?
Why? ¿Por qué?
wide ancho
wife esposa

wild salvaje
window ventana
wine vino
winter invierno
wire alambre
wish desear
with con
with me conmigo
with you contigo
without sin
woman mujer
wood madera
word palabra
work trabajo
world mundo
write escribir
writer escritor
wrong equivocado

yard patio
year año
yell gritar
yellow amarillo
yes sí
yesterday ayer
yet todavía
yield ceda el paso
you tú; usted
you guys ustedes
young jóven
younger menor
your tu; tus
yours tuyo; tuyos

zebra cebra
zero cero
zip code zona postal
zoo zoológico

Lista de mis éxitos

Fecha	Mi experiencia
10/1	¡Hoy entendí a mi amigo americano!
10/20	¡Saludé a una señora en inglés!
11/05	